航空运输类专业系列教材

The Geography Of Air Transportation

航空运输地理

主　编/江　红（中国民航大学）

人民交通出版社股份有限公司

北　京

内 容 提 要

本书为空中乘务专业系列规划教材。全书共七章，内容包括绪论、地球运动与航空运输、天气与航空运输、航空运输相关组织、航空运输布局、中国航空运输地理与世界航空运输地理。每章还设有引导案例、知识延伸模块，以帮助学生更全面掌握知识体系。

本书可作为高等职业院校空中乘务、民航运输等相关专业教材，也可供行业相关从业人员学习参考。

图书在版编目（CIP）数据

航空运输地理 / 江红主编 . — 北京 : 人民交通出版社股份有限公司，2017.4

ISBN 978-7-114-13692-4

Ⅰ. ①航… Ⅱ. ①江… Ⅲ. ①民航运输—运输地理—教材 Ⅳ. ① F56

中国版本图书馆 CIP 数据核字（2017）第 037694 号

Hangkong Yunshu Dili

书　　名： 航空运输地理
著 作 者： 江　红
责任编辑： 吴燕伶
出版发行： 人民交通出版社股份有限公司
地　　址：（100011）北京市朝阳区安定门外外馆斜街3号
网　　址： http://www.ccpcl.com.cn
销售电话：（010）59757973
总 经 销： 人民交通出版社股份有限公司发行部
经　　销： 各地新华书店
印　　刷： 北京建宏印刷有限公司
开　　本： 787×1092　1/16
印　　张： 9.5
字　　数： 216千
版　　次： 2017年4月　第1版
印　　次： 2024年8月　第10次印刷
书　　号： ISBN 978-7-114-13692-4
定　　价： 32.00元
（有印刷、装订质量问题的图书，由本公司负责调换）

前言

航空运输地理学是以航空运输地理分析为基础，围绕航空运输的人地关系、空间组织和区域结构建立的系统科学，它是交通地理学的重要组成部分，且是其最年轻的学科分支，在自然地理中的地质、地形、天文、气象以及人文地理中的经济、文化、交通、人口等知识体系的基础上，将航空运输的相关知识进行融合，重点研究自然地理、人文地理与航空运输之间相互影响的关系，并基于此，研究航空运输的发展规律。

目前，航空运输地理课程较权威的教材主要用于民航运输专业，还没有针对空中乘务专业的相关教材。鉴于此，我们结合空中乘务专业的特点及需求编写了本书。其特色主要体现在：第一，对航空运输地理内容体系进行了重新设计，主要基于航空运输地理的内涵，侧重分析了自然地理、人文地理与航空运输之间的关系以及航空运输的发展规律，使学生了解并掌握空中乘务及相关岗位所需的相关地理知识，共包括七部分内容，分别是绪论、地球运动与航空运输、天气与航空运输、航空运输相关组织、航空运输布局、中国航空运输地理、世界航空运输地理。第二，在各章节中根据教学的需要增加了引导案例和知识延伸模块，以期帮助学生更好、更全面地掌握知识体系。同时本书配有课件，选用此书的教师可来电来函索要（E-mail：wuyanling@ccpress.com.cn 电话：010-85285995）。

本书由中国民航大学江红担任主编，各章编写分工为：第1~5章、第7章由江红编写，第6章由冯敏编写，江红负责全书的统稿和整理工作。

在编写本书过程中，编者参考、借鉴了相关教材和文献；中国民航大学的刘小娟老师、孙奇老师和王林老师也对本书的编写提出了很多宝贵意见，在此表示诚挚的感谢！

由于编者水平有限，教材中难免存在疏漏之处，恳请读者批评指正。

编者

2017年1月

目 录

第一章

绪论

一、航空运输地理的含义

1. 地理学

地理学是研究地球表面的自然现象和人文现象空间分布以及两者间相互关系的一门学科，自然地理学和人文地理学是其相互密切联系的两大组成部分。

自然地理学的研究对象是自然地理环境，包括只受到人类间接或轻微影响而原有自然面貌未发生明显变化的天然环境和长期受到人类直接影响而使原有自然面貌发生重大变化的人为环境。自然地理学的研究内容随着学科的发展越来越广泛。主要有下列几方面：

①研究各自然地理成分（地貌、气候、水文、土壤、植被和动物界等）的特征、结构、成因、动态和发展规律。

②研究各自然地理成分之间的相互关系，彼此之间的物质和能量的循环与转化的动态过程。

③研究自然地理环境的地域分异规律，进行部门和综合自然区划以及各种实用区划。

④研究各个区域的部门自然地理和综合自然地理特征，并进行自然条件和自然资源的评价，为区域开发提供科学依据。

⑤研究受人类干扰、控制的人为环境的变化特点、发展趋势、存在的问题，寻求合理利用的途径和整治措施。

随着自然地理学的发展以及其与许多自然科学发生联系，自然地理学形成了众多分支学科。按研究的特点，自然地理学可分为综合性的和部门性的两组分支学科。综合性的分支学科有综合自然地理学、区域自然地理学、古地理学和历史自然地理学等。部门性的分支学科有地貌学、气候学、水文地理学、土壤地理学、生物地理学（包括植物地理学、动物地理学）、冰川学、冻土学、化学地理学和医学地理学等。

人文地理学是以人地关系的理论为基础，探讨各种人文现象的地理分布、扩散和变化，以及人类社会活动的地域结构的形成和发展规律的一门学科。人文地理学是地理学的两个主要分支学科之一，“人文”二字与自然地理学的“自然”二字相对应，泛指各种社会、政治、经济和文化现象，也有一些学者认为仅指社会文化现象。按人文地理学的研究对象和当前各分支学科发展的实际情况，将人文地理学分为经济地理学、政治地理学、社会文化地理学和城市地理学四大部分。其中，政治地理学通过研究国民与领土的关系来分析政治现象的地域体系，并分析以政治、军事、经济和宗教为背景的各种国家集团对世界和地区所起的作用。社会文化地理学分析空间中的社会现象，研究各种社会类型的区域分布并分析比较它们之间的相互关系；从人类文化的空间组合的角度，解释各种文化要素如何使不同地区具有各种区域特征。城市地理学的研究内容包括城市的形成和成长过程，城市的功能和特征，城市的空间结构、社会组织及其影响范围，城市人口构成，城市的类型和规划等。经济地理学以阐释人类生产和生活资料的生产、流通和消费分配等人类经济活动的地域分布和空间组织为主要任务。经济地理学包括农业地理学、工业地理学、交通运输地理学和商业地理学等领域。而航空运输地理学就是交通运输地理学的一个分支。

2. 交通运输地理学

交通运输地理学是经济地理学的一个分支学科，研究交通运输地域组织的规律。其核心是研究交通网（包括线网、枢纽和港站）的结构、类型、地域组合及其演变规律；同地区间的运输经济联系、经济发展水平和人口分布有紧密联系的客、货流的产生与变化规律；交通运输在地域生产力综合体形成与发展中的地位与作用。

作为研究交通运输活动空间组织的学科，交通运输地理可分为理论交通运输地理、部门交通运输地理、区域交通运输地理、城市交通运输地理四个部分。其中，理论交通运输地理主要研究交通运输网的构成及其各种交通方式的地位，交通运输在生产布局中的作用，运输联系和客、货流分布及其演变趋势，合理运输与货流规划的理论和方法，交通运输布局的经济效益计算和地域系统评述，交通网络和站场布局的类型和模式，交通运输区划的原理和方法。部门交通运输地理分别研究铁路、水运、公路、管道、航空等运输方式的经济技术特点，及地域的适应性。区域交通运输地理分别从国际、国家、国内经济行政区，或按河川流域、地形单元进行交通网络和客、货流的分析，通过对区域交通运输情况的描述，揭示区内经济结构的空间联系和区际物质联系的内在规律。城市交通运输地理主要研究和预测城镇内部道路交通网和客、货流与交通流的形成变化规律，城市对外交通线和站、港空间布局，以及综合交通系统。

交通运输地理学的基本任务是根据有关生产力布局方面的要求，进行客货流和交通网的调查与规划；各种运输区划；交通运输布局的条件评价和经济论证；解决交通运输发展中的各种经济地理问题；以及参与国土规划、经济区划、区域规划、城市规划、工业布局和其他生产力布局等任务中有关交通运输问题的研究工作。其目的在于促使交通运输地域组合的合理化，从而取得最佳的社会经济效果。

该学科具有明显的地域性与综合性，注重研究地理环境（自然条件、经济地理环境、社会文化环境）与交通运输的相互作用和影响。其地域性表现在以下三个方面：

①把交通运输现象作为生产过程，特别是生产力地域组合中的一个环节来考虑，因而，特别注意地理环境（包括自然环境、经济环境和社会文化环境）的影响，及其反馈作用。

②大量采用空间地域的分析方法，如交通运输地域类型、区域交通运输结构、交通运输区划、交通点和线的区位、交通网络分析、交通运输系统模拟等。

③按照国家和区域（行政区、经济区、吸引范围等）来对一定地域内的交通运输情况进行描述和预测。

交通运输地理学具有地域性的特征，因此在研究中要把交通运输现象作为生产力地域组合中的一个环节来考虑，特别注意地理环境之间的相互作用；大量采用空间地域的分析方法，如分析交通运输的地域差异、区域网型和运量结构、交通运输区划、交通点和线的区位，以及交通网络分析、交通运输系统模拟等；按照国家和区域（经济行政区、吸引范围、流域等）对交通运输分布现状、发展趋向进行评述和预测。交通运输地理学综合分析交通运输的自然、技术、经济条件及其结合，研究各种运输方式组成的统一交通网的内在结构、空间布局和时间次序，揭示其内在机制并预测其未来趋势。研究中利用了一系列具体经济指标：运量、运距、周转量、运输能力、成本、运价、投资、利润等，以及科学管理和计划方法。在运用现代数学方法和电子计算机方面，同现代数学联系日益密切。除大量应用分析数学线性规划、数理统计等数学方法外，还引入了网络分析动态规划、模糊数学和投入—产出模式等方法。

3. 航空运输地理学

航空运输地理学的起步源于现代航空运输的发展。尽管航空运输的设想早于铁路运输、水上运输、公路运输等现代运输方式，但18～19世纪的近代航空运输并未受到地理学家的关注。20世纪初，伴随现代航空运输的兴起，航空运输地理学在欧美国家开始构筑其学科基础。可以说，航空运输地理学是一门新兴的学科，是庞大的地理科学体系中的一个小小分支。它与公路、铁路、水运、管道等其他运输地理学分支构成交通运输地理学的部门学科体系。

航空运输地理学是研究航空运输与地理环境之间的关系的学科，并在此基础上研究航空运输的发展规律及空间分布特点。航空运输地理学是围绕航空运输的人地关系、空间组织和区域结构建立的系统科学，它是交通运输地理学的重要组成部分，且是其最年轻的学科分支。随着人类文明的不断进步，航空运输地理学因其发展需要而不断扩大研究领域。

航空运输地理学研究主题主要围绕机场、航线和飞机来展开，而目前的研究主题扩展为机场、航线、飞机、行业及其相关组合问题，航空运输地理学研究的传统主题主要集中在以下六个方面。

（1）史志与区域地理总图

“志”是地理学的历史源流，而区域研究则是近代地理学的重要传统主题之一。此部分研究内容主要包括针对全球、洲以及国家层面的航空运输发展现状、历史进程和区域特征。

（2）机场格局与城镇关联体系

机场是航空运输的物质建构基础，也是现代城市对外交流的重要窗口。随着机场规模的增长，机场分布因经济格局、城镇特征、自然条件等差异出现空间分异，关注机场格局成为研究人文地表特征的重要内容。研究内容主要包括机场的空间布局特点、机场格局与城镇体系耦合的地理功能结构，如机场旅客吞吐量与城镇人口之间的关联关系等。

（3）网络结构、组织效应及优化

航线是航空运输企业的核心资源，也是机场及航空业赖以生存与发展的基础。航线相互衔接形成的网络不仅体现航空运输系统空间服务能力和水平，也反映了区域的经济社会发展水平及其对外联系程度。研究内容包括航线网络的结构特点、航线的空间布局特点等。

（4）航空运输与区域发展的互动关系

航空运输与区域发展的互动关系表现为两重性。一方面，航空运输需求源于其机场腹地内的经济社会需要；另一方面，航空运输提供便捷运输网络，为区域经济社会的发展提供了重要的基础设施保障体系及区位比较优势，有助于促进区域经济发展，具体表现为对就业、投资、外向型产业以及生产性服务业如金融、保险、广告和区域总部功能、旅游等具有较大的带动作用。此外，航空运输的基础——空港可以对城市和区域经济产生影响，空港发展与区域经济互动成为研究的重要内容。

(5)机场布局规划及其影响因素

机场布局是民航发展规划的重要基础,布局规划不仅需要考虑经济、社会、政治等因素,还需从国家或区域尺度的机场体系对各机场进行系统定位。主要研究机场的空间布局特点及影响航空运输布局的影响因素。

(6)政策对航空业发展的影响

航空业因其独特的技术经济特性而在不同区域内受到发展政策和制度的影响。从全球/国家层面上分析,政策主要影响空域分配、航权协议、价格制定、市场准入等,从而对运输需求、机场布局、市场格局等产生影响。从企业层面分析,制度影响组织效率、运输效益、市场竞争等。从客户层面分析,出行成本、网络覆盖、可达性等值得关注。主要研究内容包括国内外相关的政策制度等。

而近年来国际研究热点领域主要集中在:航空网络结构复杂性、世界(中心)城市甄别、机场体系与航空网络演化、航空运输市场的组织行为、航空系统可持续发展相关问题。

航空运输地理学从早期的交通史学和历史交通地理学中脱胎而出,融合经济地理学、交通规划学、系统科学等形成了现代航空运输地理学,研究主题从传统的基础设施(机场)、运输工具(飞机)和航线网络三大基础不断拓展,制度、行为(企业与消费者)、可持续发展(行业、企业、机场)等在航空运输地理学中的关注度逐渐增加,航空网络结构的复杂性、世界(中心)城市、机场体系与航空网络的演化规律与机理、航空系统的可持续发展等问题成为国际研究的热点领域及未来研究的重点。

随着航空信息资料的不断增加以及航空资源对学术界开放程度的不断扩大,作为经济全球化和区域经济一体化重要支撑的航空运输将获得地理学者的更多关注。航空运输地理学的研究视角不断扩张,其研究方法和概念不断创新,并进一步加强人地关系思想与空间组织的理念,促进与相关学科的交叉合作,从而丰富并发展了现代航空地理学。

结合航空运输地理学的研究内容,本书的主要内容如下:

(1)地球运动与航空运输

地球的运动主要包括自转和公转两种运动形式,自转所带来的昼夜更替、时差、地转偏向等现象会对飞行活动带来影响;而公转所带来的昼夜长短、四季更替也会对航空运输的生产活动产生影响。

(2)天气与航空运输

由于地球的运动而引发的各种天气现象对航空运输的影响较大,其中可见的天气现象如风、雨、雪、雷暴等会对飞机的起降过程有影响,而一些不可见的天气现象如风切变等对航空运输的影响也较大。与此同时,天气的基本要素,如温度、气压等也会对航空运输的运营带来影响。

(3)航空运输相关组织

在航空运输的发展中,国内外的航空运输相关组织均与航空运输的发展紧密相关,诸如国际民用航空组织、国际航空运输协会、世界机场协会以及中国航空运输协会等。

(4)航空运输布局

航空运输布局主要指机场、航线以及航空公司(运力)三大要素在空间布局的现状与特点,同时,自然环境、地理位置、经济条件、政治环境、科技条件等因素均会对航空运输的布局产生影响。

（5）中国航空运输地理

在基于中国自然环境与经济环境现状与特点的基础上，介绍中国航空运输的发展历程，以及各类航空运输资源的发展情况。

（6）世界航空运输地理

基于世界自然环境及经济环境的区域特点，从世界航空区划的角度出发，介绍一区、二区、三区主要国家的航空运输业及主要航空运输资源的发展情况。

二、航空运输地理的特点

地理学具有两个显著特性，即综合性和地域性。综合性是指地理学与研究地球表面某个层圈或某一个层圈中部分要素的学科都有密切的关系，如研究大气的大气物理，研究岩石圈的地质学，研究人类圈的经济学、政治学、心理学等。地理学从这些学科中吸取有关各种要素的专门知识，反过来又为这些学科提供关于各种要素与其他现象间联系的知识。地球表面自然现象和人文现象空间分布不均匀的特点，决定了地理学的区域性的特征。由于不同的地区存在不同的自然现象和人文现象，一种要素在一个地区呈现出的变化规律在另一个地区可能完全不同，因此研究地理区域就要剖析不同区域内部的结构，包括不同要素之间的关系及其在区域整体中的作用，区域之间的联系，以及它们之间发展变化的制约关系。

航空运输地理学也同地理学一样，具有综合性和地域性两大特征。综合性是指航空运输地理学融合了航空运输与地理学两门学科，并着重分析航空运输与地理学之间的关系；地域性是指航空运输的发展具有明显的地域差异性。

第二章

地球运动与航空运输

本章重点

- 掌握自转的地理意义。
- 掌握公转的地理意义。
- 掌握自转的地理意义对航空运输的影响。
- 掌握公转的地理意义对航空运输的影响。

地球的运动形式主要包括公转和自转两种方式，由于地球的运动会带来昼夜更替、地方时差、地转偏向、惯性离心力、四季更替、昼夜长短等现象，这些现象对我们的生活会带来影响，同时，也与航空运输的活动紧密相关。本章在了解地球运动的基础上，重点掌握地球运动对航空运输的影响。

第一节 地球的运动

一、地球的公转

公转是一件物体以另一件物体为中心所做的循环运动，一般用来形容行星环绕恒星或者卫星环绕行星的活动。所沿着的轨道可以为圆、椭圆、双曲线或抛物线。太阳系里的行星绕着太阳转动，或者各行星的卫星绕着行星而转动，都叫作公转。

地球公转就是地球按一定轨道围绕太阳转动。由于太阳引力场以及自转的作用，导致了地球的公转，地球的公转有其自身的规律。

1. 公转的速度

地球公转是一种周期性的圆周运动，因此，地球公转速度包含着角速度和线速度两个方面。如果采用恒星年作为地球公转周期的话，那么地球公转的平均角速度就是每年360°，也就是经过365.2564日地球公转360°，即每日约0.986°，亦即每日约59′8″。地球轨道总长度是9.4×10^8km，因此，地球公转的平均线速度就是每年9.4亿km，也就是经过365.2564日地球公转了9.4亿km，即每秒29.8km，约每秒30km。

2. 公转的周期

地球绕太阳公转一周所需要的时间，就是地球公转周期。笼统地说，地球公转周期是一"年"。因为太阳周年视运动的周期与地球公转周期是相同的，所以地球公转的周期可以用太阳周年视运动来测得。地球上的观测者，观测到太阳在黄道上连续经过某一点的时间间隔，就是一"年"。由于所选取的参考点不同，则"年"的长度也不同。常用的周期单位有恒星年、回归年和近点年。

地球公转的恒星周期就是恒星年。这个周期单位是以恒星为参考点而得到的。在一个恒星年期间，从太阳中心上看，地球中心从以恒星为背景的某一点出发，环绕太阳运行一周，然后回到天空中的同一点；从地球中心上看，太阳中心从黄道上某点出发，这一点相对于恒星是固定的，运行一周，然后回到黄道上的同一点。因此，从地心天球的角度来讲，一个恒星年的长度就是视太阳中心，在黄道上，连续两次通过同一恒星的时间间隔。恒星年是以恒定不动的恒星为参考点而得到的，所以它是地球公转360° 的时间，是地球公转的真正周期。恒星年长度为365.2564日，即365日6小时9分10秒。

地球公转的春分点周期就是回归年。这种周期单位是以春分点为参考点得到的。在一个回归年期间，从太阳中心上看，地球中心连续两次过春分点；从地球中心上看，太阳中心连续两次过春分点。从地心天球的角度来讲，一个回归年的长度就是视太阳中心在黄道上，连续两次通过春分点的时间间隔。春分点是黄道和天赤道的一个交点，它在黄道上的位置不是固定不变的。因此，回归年不是地球公转的真正周期，只表示地球公转了359°59′9″的角度所需要的时间，用日的单位表示，其长度为365.2422日，即365日5小时48分46秒。

地球公转的近日点周期就是近点年。这种周期单位是以地球轨道的近日点为参考点而得到的。在一个近点年期间，地球中心（或视太阳中心）连续两次过地球轨道的近日点。由于近日点是一个动点，它在黄道上的移动方向是自西向东的，即与地球公转方向（或太阳周年视运动的方向）相同，移动的量为每年11″，所以，近点年也不是地球公转的真正周期，用日的单位来表示，其长度为365.2596日，即365日6小时13分53秒。

3. 公转的方向

地球公转的方向为自西向东。

4. 公转的地理意义

（1）引起正午太阳高度的变化

太阳光线对地平面的交角，叫作太阳高度角，简称太阳高度（用H表示）。同一时刻正午太阳高度由直射点向南北两侧递减。因此，太阳直射点的位置决定着一个地方的正午太阳高度的大小。在太阳直射点上，太阳高度为90°，在晨昏线上，太阳高度是0°。正午太阳高度变化的原因：由于黄赤交角的存在，太阳直射点的南北移动，引起正午太阳高度的变化。正午太阳高度就是一日内最大的太阳高度，它的大小随纬度不同和季节变化而有规律地变化。其中，随纬度分布是：低纬大而高纬小，春秋二分，从赤道向两极递减；夏至日，从北回归线向南北两侧递减；冬至日，从南回归线向南北两侧递减。随季节变化是：北回归线以北，夏至日前后正午太阳高度达最大值，冬至日前后达最小值，南回归线以南则相反。南北回归线之间地带，太阳每年直射两次。

（2）昼夜长短随纬度和季节变化

地球昼半球和夜半球的分界线叫作晨昏线（圈）。晨昏线把所经过的纬线分割成昼弧和夜弧。由于黄赤交角的存在，除二分日时晨昏线通过两极并平分所有纬线圈外，其他时间，每一纬线圈都被分割成不等长的昼弧和夜弧两部分（赤道除外）。地球自转一周，如果所经历的昼弧长，则白天长；夜弧长，则白昼短。

（3）四季更替

①天文四季：以二十四节气中的立春、立夏、立秋、立冬为起点，地球在公转轨道上的运行会产生天气和季节的有规律变化。黄赤交角是影响天文四季的根本原因。这是因为黄赤交角的存在所引起的正午太阳高度变化，影响各地所得热能的季节变化。

正午太阳高度随纬度的分布为：低纬大而高纬小，春秋二分，从赤道向两极递减；夏至日，从北回归线向南北两侧递减；冬至日，从南回归线向南北两侧递减。

正午太阳高度随季节的变化为：北回归线以北，夏至日前后正午太阳高度达最大值，冬至日前后达最小值。南回归线以南则相反。南北回归线之间地带，太阳每年直射两次。

②气候四季包含的月份：春（3、4、5月）、夏（6、7、8月）、秋（9、10、11月）、冬（12、1、2月）。

（4）五带划分

以地表获得太阳热量的多少来划分热带、温带、寒带。

①热带：南北回归线之间有太阳直射机会，接受太阳辐射最多。

②温带：回归线与极圈之间，受热适中，四季明显。

③寒带：极圈与极点之间，太阳高度角低，有极昼、极夜现象。

二、地球的自转

自转是地球的一种重要运动形式。古希腊的费罗劳斯、海西塔斯等人早已提出过地球自转的猜想，中国战国时代《尸子》一书中就已有“天左舒，地右辟”的论述，而对这一自然现象的证实和它被人们所接受，则是在1543年哥白尼日心说提出之后。

1. 自转的速度

除南北极点外，地球上各点自转角速度均为15°/h。地球自转的线速度，赤道最大，从赤道向两极越来越小，两极为零。

据天体物流学的计算，地球的自转速度在逐年变慢，其主要原因在于月球和太阳对地球的潮汐作用。同时一年内地球自转存在着时快时慢的周期变化：春季自转变慢，秋季加快，而这种周期性变化是与地球上的大气和冰的季节性变化有关。此外，地球内部物质的运动，如重元素下沉、向地心集中、轻元素上浮、岩浆喷发等，都会影响地球的自转速度。

2. 自转的周期

笼统地说地球自转的周期是1日。地球自转周期的度量，需要在地外的天空找一个超然于地球自转的参考点。按参考点的不同，天文上的日的长度有三种，它们是恒星日、太阳日和太阴日，分别以春分点、太阳和月球为参考点。通常所说的1日（一昼夜）是指太阳日。

地球自转周期可以从天体周日运动的周期来测定。恒星日是指同一恒星连续两次在同地中天的周期。同理，太阳日就是太阳连续两次在同地中天所需的时间；太阴日则是月球连续两次在同地中天所经历的时间。以上三个周期中，只有恒星日是地球自转的真正周期，即地球自转360°所经历的时间，因为恒星通常被视为天球上的定点。应当指出，天文上用来定义恒星日的，不是具体的某个恒星，而是春分点。这是由于恒星日是同恒星时相联系的，而恒星时是以春分点作为量时天体的。恒星时就是春分点的时角。为了同这些情况相适应，用来定义恒星日的只能是春分点。如考虑到地轴进动或春分点西退，那么，恒星日与地球自转周期，也还存在细微的差别。同恒星相比较，太阳和月球都不是天球上的定点。它们除了参与天球周日运动（向西）外，还有各自的巡天运动（向东），因而太阳日和太阴日都不是地球自转的真正周期。太阳和月球在天球上向东运行，意味着它们的赤经持续递增（赤经向东度量）。天体中天时刻按其赤经次序而定，赤经增大，中天时刻就推迟到来，使连续两次中天的时间间隔增长。因此，太阳日和太阴日都要长于恒星日。太阳日和太阴日之间的互不相同，是因为两者具有不同的速度。太阳周年运动是地球公转的反映，其速度是每太阳日约59′；月球的巡天运动是它本身绕地球转动，其速度是每太阴日13°38′（或每太阳日13°10′）。在1个太阳日期间，地球自转不是真正的一周，而是360°59′；在1个太阴日期间，地球自转不是360°，而是373°38′。如果以恒星日的长度来分24小时（恒星小时），那么，太阳日的长度是24小时04分，太阴日长度是24小时54分。但在日常生活中，人们总是以24小时表示太阳日的长度，在这种情形下，恒星日长度为23小时56分，太阴日长度则为24小时50分。

3. 自转的方向

地球绕自转轴自西向东转动，从北极点上空看呈逆时针旋转，从南极点上空看呈顺时针旋转。

4. 自转的地理意义

（1）昼夜更替

地球自转决定昼夜更替，并使地表各种过程具有昼夜节奏。地球不透明，任何时候太阳都只能照射地球的一半，使地表产生昼和夜的区别。如果地球只有公转而没有自转，那么昼夜更替周期将不是一日而是一年。在这种情况下，与地表热量平衡相联系的一切过程都将发生和现在全然不同的变化。例如，巨大的昼夜温差将会引起十分强烈的风暴，过度的炎热和严寒将会造成生物的灭绝等。但由于地球有自转，昼夜更替适中，地表增温和冷却不超过一定限度，生物才得以生存，其他许多过程才不朝极端方向发展。

（2）地转偏向力

地转偏向力是由于地球自转而使地球表面运动物体受到与其运动方向相垂直的力，从而使所有在北半球做水平运动的物体都发生向右偏转，在南半球则向左偏转。地转偏向力可以改变运动物体的方向，但不会改变地球表面运动物体的速率（速度的大小）。地转偏向力对季风环流、气团运行、气旋（台风）与反气旋（冷空气）的运移路径、洋流与河流的运动方向以及其他许多自然现象有着明显的影响，例如，北半球河流多有冲刷右岸的倾向，高纬度地区河流上浮运的木材多向右岸集中等。经过科学家的反复验证发现，几乎所有物体在运动时都要发生偏转。

（3）地方时差

地球自转造成同一时刻、不同经线上具有不同的地方时间。一个地方的正午时候，距其180° 经度处却正当午夜。地球表面每隔15° 经线，时间即相差1h。人们据此划定地球时区。全部经度360° ，分为24个时区。以本初经线为中心，包括东西经各7° 30′ 的范围为中时区。东西另外各15° 经度为东1区、西1区；如此类推，至东西12区，即以180° 经线为中心的时区。在同一时刻，180° 经线以东是前一日的结束，以西却是次一日的开始。

地方时：以一个地方太阳升到最高的地方的时间为正午12时，将连续两个正午12时之间等分为24个小时，所成的时间系统，称为地方时。东边的地点比西边的地点先看到日出，东边地点的时刻较早，西边地点的时刻较晚。

时区：全球共划分为24个时区，以本初子午线为基准，从7.5° W向东至7.5° E，划分为一个时区，叫中时区或零时区。在零时区以东，依次划分为东一区至东十二区；在中时区以西，依次划分为西一区至西十二区，东十二区和西十二区各跨经度7.5° 合为一个时区，即十二区。

区时的含义：为了方便计时，把每一个时区中央经线的地方时作为整个时区通用的时间，即区时。

区时的计算：

所求地的区时＝已知地的区时 ± 时区差 ×1 小时

注：①计算某地所在的时区：用该地经度除以15° 所得商四舍五入取整数，即为时区数，东西时区根据所在经度来确定。

②时区差的计算：若两地同属于东时区或同属于西时区，时区差为两地时区数之差，若两地分属于东、西时区，则两地时区差为两地时区数之和。

③"+"、"-"号的选取：若要计算的地方位于已知地的东侧，用"+"，反之用"-"。

地方时和区时的关系：一般从光照图上读到的时间，均是地方时，一个地区正午太阳高度角最大时，一定是地方时12时，由于区时从地方时而来，区时即为一个时区中央经线的地方时，则两者关系又密切联系。两个地点的地方时，可以相差时、分、秒，而两个地点的区时之差只能是小时。

日界线：国际上规定，把东西十二区之间的180°经线作为国际日期变更线，简称日界线。

日界线的特征：日界线是地球上新的一天的起点和旧的一天的终点，地球上日期的更替，都从这条线开始。日界线不是一条直线，而是有些曲折，不完全按照180° 经线延伸，这是为了附近国家和地区居民生活的方便，日界线的划定避免通过陆地。

过日界线时日期的变更：由于在任何时刻，东十二区总比西十二区早24小时，即一天。因此，自东十二区向东进入西十二区，日期要减去一天；自西十二区向西进入东十二区，日期要增加一天。东西十二区时刻相同，但日期相差一天。

第二节 地球的运动对航空飞行的影响

在日常生活中，我们能感受到地球运动的地理意义给我们的生活所带来的影响，同时，公转以及自转的地理意义也会对航空运输产生影响。

一、昼夜更替

昼夜更替对航空运输带来的最直接影响便是航空公司生产计划的编制及机场运营计划的制定。目前，大部分的客运航班集中在白天运营，而晚上则主要运营货运航班。航空公司及机场应根据这一特点进行生产工作的组织。

二、地方时差

时差的存在对于航空运输的影响也较为明显，尤其对于长距离的洲际航线而言，影响最大。目前，主流的国际航线主要飞行方向以东西向为主，这些航线必将跨越经线，因此，大部分的国际航班都将涉及时差换算的问题。在航班计划的制定中，要考虑到始发地与目的地时差的问题，使旅客享受到相对方便的登机及下机时间。而对于国际航班的落地时刻及飞行时间的确定，一定要考虑时差的存在。

1. 飞行时间的计算

对飞行时间的计算，可以采用以下三种方法：将始发地和目的地时间均转换成标准时间；将目的地当地时间转换成始发地当地时间；将始发地当地时间转换成目的地当地时间。

例题1：某旅客从巴黎飞往纽约，从巴黎出发时是巴黎当地时间10月1日的17点30分，到达纽约时是纽约当地时间10月1日18点55分，请计算旅客在空中的飞行时间。

方法一：[1855/01OCT－（－0500）]－[1730/01OCT－（+0100）]=7h25min

方法二：[1855/01OCT－（－0500）+（+0100）]－1730/01OCT=7h25min

方法三：1855/01OCT－[1730/01OCT－（+0100）+（－0500）]=7h25min

2. 目的地当地时间的计算

当已知航班的始发时间及空中飞行时间，可以通过上面的思路计算得出到达目的地的当地时间。

例题2：某旅客从悉尼飞往洛杉矶，从悉尼出发时是悉尼当地时间8月15日的15点55分，在空中飞行了13小时30分钟后到达洛杉矶，请计算到达洛杉矶时是洛杉矶当地时间何时？

方法一：[？－（－0800）]－[1555/15AUG－（+1000）]=13h30min

?=1125/15AUG

方法二：[？－（－0800）+（+1000）]－1555/15AUG=13h30min

?=1125/15AUG

方法三：？－[1555/15AUG－（+1000）+（－0800）]=13h30min

?=1125/15AUG

3. 始发地当地时间的计算

当已知航班的落地时间及空中飞行时间，可以通过上面的思路计算得出航班始发地的当地时间。

例题3：某旅客从东京飞往洛杉矶，到达洛杉矶时是洛杉矶当地时间7月5日的9点30分钟，空中飞行时间为12小时40分钟，请计算在东京出发时东京的当地时间是何时？

方法一：[0930/05JUL－（－0800）]－[？－（+0900）]=12h40min

?=1350/05JUL

方法二：[0930/05JUL－（－0800）+（+0900）]－？=12h40min

?=1350/05JUL

方法三：0930/05JUL－[？－（+0900）+（－0800）]=12h40min

?=1350/05JUL

三、地转偏向

地转偏向力是由于地球自转而使地球表面运动物体受到与其运动方向相垂直的力。地转偏向力不会改变地球表面运动物体的速率(速度的大小),但可以改变运动物体的方向。地转偏向力对季风环流、气团运行、气旋(台风)与反气旋(冷空气)的运移路径、洋流与河流的运动方向以及其他许多自然现象有着明显的影响,例如,北半球河流多有冲刷右岸的倾向,高纬度地区河流上浮运的木材多向右岸集中等。经过科学家的反复验证发现,几乎所有物体在运动时都要发生偏转。航班飞机在飞行时,如不克服这一偏转,就不能抵达目的地。

按照惯性原理,在地球上运动的物体总是力求保持它的方向和速度,但是,由于地球本身在旋转,从而使各地的方向坐标也在不断地变化。也就是东、南、西、北的方向在不断地变化,这就使得运动物体相对发生了偏移。在北半球,无论物体如何运动,总要向运动方向的右侧偏;在南半球,无论如何运动,总要向运动方向的左侧偏;在赤道上,由于方向在水平面上没有扭动,运动物体不发生偏转;由赤道向两级,偏转程度增大。

地转偏向力的作用必然使飞行产生一定程度的偏转。实际飞行时,一定要克服这一偏移,否则飞机便不能准确飞抵目的地。

四、昼夜长短

由于地球公转的原因而产生的昼夜长短现象,对于航班计划的制订会产生影响,航空公司根据季节的不同在一年中会有夏秋班期时刻表和冬春班期时刻表两个生产计划。一方面,由于季节的不同会引起市场需求的变化;另一方面,由于昼夜长短会发生变化,航空公司也需要对每一天的航班时刻进行适当的调整。

五、四季更替

四季更替也是由于地球公转而引发的,由于四季的气温、风向、风速、降雨等天气环境均有较大不同,这些不同季节下天气要素的差异性必将对航空运输的日常运营带来较大影响,航空公司、机场等需要根据这些变化,对相应资源配置及组织管理工作进行相应的调整。

简答题

1. 地球自转的地理意义及其对航空运输的影响是什么?
2. 地球公转的地理意义及其对航空运输的影响是什么?
3. 计算下列各题中的时间:

(1) Depart From PAR(+0100) 0630/06APR
    Arrive In YMQ(-0500) 0835/06APR

FP= ?

（2）Depart From LON（+0100） 0910/06JAN
Arrive In HKG（+0800） 1450/07JAN
FP= ?

（3）Depart From BJS（+0800） 1835/26MAY
Arrive In YTO（-0500） 2200/26MAY
FP= ?

（4）Depart From THR（+0330） 1020/10MAY
Arrive In PAR（+0100） ?
FP=0830

（5）Depart From TYO（+0900） ?
Arrive In LAX（-0800） 0450/02FEB
FP=1325

第三章

天气与航空运输

- 第一节　天气基本要素
- 第二节　地球的圈层结构与大气层
- 第三节　飞行高度层
- 第四节　影响航空运输的主要天气

本章重点

- 掌握天气的基本要素及其对航空运输的影响。
- 掌握大气层结构及航空器的活动范围。
- 掌握飞行高度层含义及我国飞行高度层配备标准。
- 掌握影响航空运输的主要天气。

飞机在大气中飞行，大气总是在不停地运动，特别在对流层的中下部，各种天气频繁出现。这些天气往往对航行和起降产生不利影响，轻则航班延误、取消，重则造成事故。本章将基于航空气象学的基础，重点介绍不同天气对航空运输的影响。

第一节 天气基本要素

天气是指某一个地方距离地表较近的大气层在短时间内的具体状态。而天气现象则是指在大气中发生的各种自然现象，即某瞬时内大气中各种气象要素（如气温、气压、湿度、风、云、雾、雨、雪、霜、雷、雹等）空间分布的综合表现。天气过程就是一定地区的天气现象随时间的变化过程。

（1）气温——大气的温度。

（2）气压——大气的压强。

（3）降水——雾、雨、雪、霜、雹，大气中的水分子只要以液态或固态式降落于地表，均属于降水。

（4）风——大气的水平流动。

一、气温

大气的温度简称气温，气温是地面气象观测规定高度（即1.25～2.00m，国内为1.5m）上的空气温度。气温变化分日变化和年变化。日变化，最高气温是正午12点左右，最低气温是日出前后。年变化，北半球陆地上7月份最热，海洋上8月份最热；南半球与北半球相反。

影响气温分布的主要因素有三个，即纬度、海陆和高度。在一年内的不同季节，气温分布是不同的。通常以1月代表北半球的冬季和南半球的夏季，7月代表北半球的夏季和南半球的冬季。赤道地区气温高，向两极逐渐降低。在北半球，1月南北温度差大于7月。这是因为1月太阳直射点位于南半球，北半球高纬度地区不仅正午太阳高度较低，而且白昼较短；而北半球低纬地区，不仅正午太阳高度较高，而且白昼较长，因此1月北半球南北温差较大。7月太阳直射点位于北半球，高纬地区有较低的正午太阳高度和较长的白昼，低纬地区有较高的正午太阳高度和较短的白昼，以致7月北半球南北温差较小。其次，冬季北半球的等温线在大陆上大致凸向赤道，在海洋上大致凸向极地；而夏季相反。这是因为在同一纬度上，冬季大陆温度比海洋温度低，夏季大陆温度比海洋温度高的缘故。南半球陆地面积较小，海洋面积较大，因此等温线较平直，遇有陆地的地方，等温线也发生与北半球相类似的弯曲情况。海陆对气温的影响，通过大规模洋流和气团的热量传输才显得更为清楚。

某地气温除了由于太阳辐射的变化而引起的周期性变化外，还有因大气的运动而引起的非周期性变化。实际气温的变化，就是这两个方面共同作用的结果。如果前者的作用大，则气温显出周期性变化；相反，就显出非周期性变化。不过，从总的趋势和大多数情况来看，气温日变化和年变化的周期性还是主要的。热量平衡中各个分量，如辐射差额、潜热和显热交换等，都受不同的控制因子影响。这些因子诸如纬度、季节等天文因子有着明显的地带性和周期的特性。而下垫面性质、地势高低，以及天气条件，如云量多少、大气干湿程度等，均带有非地带性特征。同时，不同地点，这些因子的影响也不相同，因而在热量的收支变化中引起的气温分布也呈不均匀性。

二、气压

气压是作用在单位面积上的大气压力，即等于单位面积上向上延伸到大气上界的垂直空气柱的重量。著名的马德堡半球试验证明了它的存在。气压的大小与海拔高度、大气温度、大气密度等有关，一般随高度升高按指数规律递减。气压有日变化和年变化。一年之中，冬季比夏季气压高。一天之中，气压有一个最高值、一个最低值，分别出现在9～10时和15～16时，还有一个次高值和一个次低值，分别出现在21～22时和3～4时。气压日变化幅度较小，一般为0.1～0.4kPa，并随纬度增高而减小。气压变化与风、天气的好坏等关系密切，因而是重要气象因子。

三、降水

地面从大气中获得的水汽凝结物，总称为降水，它包括两部分，一部分是大气中水汽直接落在地面或地物表面及低空的凝结物，如霜、露、雾和雾凇，又称为水平降水；另一部分是由空中降落到地面上的水汽凝结物，如雨、雪、霰雹和雨凇等，又称为垂直降水。但是单纯的霜、露、雾和雾凇等，不作降水量处理。在中国，国家气象局地面观测规范规定，降水量仅指的是垂直降水，水平降水不作为降水量处理。一天之内50mm以上降水为暴雨（豪雨），25mm以上为大雨，10～25mm为中雨，10mm以下为小雨，75mm以上为大暴雨（大豪雨），200mm以上为特大暴雨。

形成降水的条件有三个：一是要有充足的水汽；二是要使气块能够抬升并冷却凝结；三是要有较多的凝结核。影响降水的因素有：海陆位置、地形、大气环流。降水主要分为：锋面雨、对流雨、地形雨、气旋雨。

1. 锋面雨

在锋面上空气缓慢上升(以cm/s的速度计算),在冷气团一侧形成层状降水。如图3-1所示。

2. 对流雨

如果下垫面高温潮湿,近地面空气强烈受热,引起空气的对流运动,湿热空气在上升过程中,随气温的下降,形成对流云而降水,比如积雨云和浓积云,条件一定时即可降水。特点是强度大,历时短,范围小,还常伴有暴风、雷电,故又称热雷雨。其在热带雨林气候区和夏季的亚热带季风气候区多见。如图3-2所示。

3. 地形雨

暖湿气流在运行的过程中,遇到地形的阻挡,被迫沿着山坡爬行上升,从而引起水汽凝结而形成降水,称为地形雨。地形雨一般只发生在山地迎风坡,背风坡气流存在下沉或者下滑,温度不断增高,形成雨影区,不易形成地形雨。如图3-3所示。

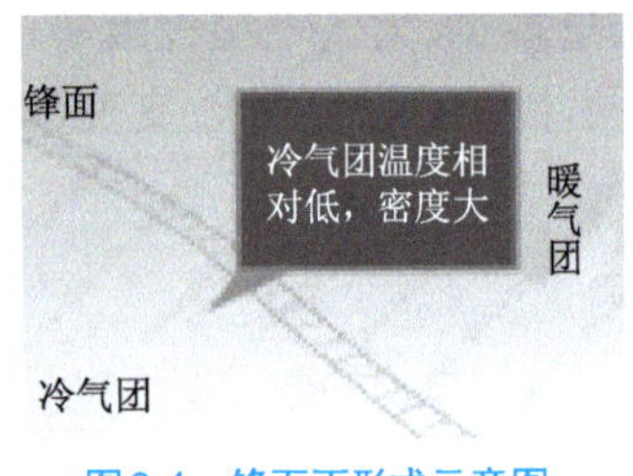

图3-1 锋面雨形式示意图

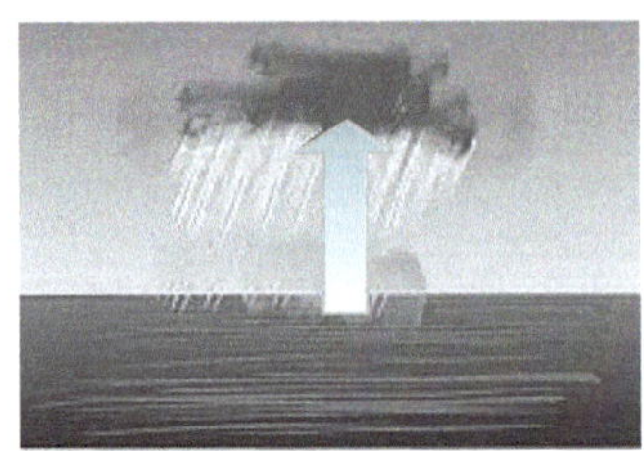
图3-2 对流雨形成示意图

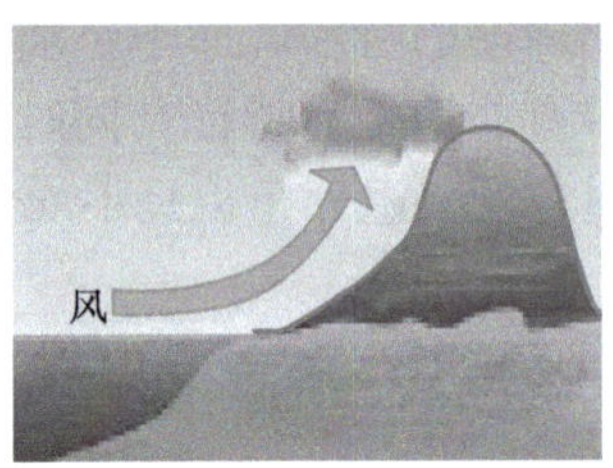

图3-3 地形雨形成示意图

4. 气旋雨

气旋中心附近气流上升,引起水汽凝结而形成降水,称为气旋雨。常见的有热带气旋和温带气旋带来的降水。

四、风

风是空气流动的现象。气象学特指空气在水平方向的流动。风是地球上的一种自然现象,它是由太阳辐射热引起的。太阳光照射在地球表面上,使地表温度升高,地表的空气受热膨胀变轻而往上升。热空气上升后,低温的冷空气横向流入,上升的空气因逐渐冷却变重而降落,由于地表温度较高又会加热空气使之上升,这种空气的流动就产生了风。相对于地表面的空气运动,风通常指它的水平分量。风是矢量,以风向、风速或风力表示。风向指气流的来向,常按16方位记录。风速是空气在单位时间内移动的水平距离,以m/s(米/秒)为单位。大气中水平风速一般为1.0～10m/s,台风、龙卷风有时达到100m/s。而农田中的风速可以小于0.1m/s。风速的观测资料有瞬时值和平均值两种,一般使用平均值。风的测量多用电接风向风速计、轻便风速表、达因式风向风速计,以及用于测量农田中微风的热球微风仪等仪器进行;也可根据地面物体征象,按风力等级表估计。

形成风的直接原因是水平气压梯度力。风受大气环流、地形、水域等不同因素的综合影响,表现形式多种多样,如季风、地方性的海陆风、山谷风、焚风等。简单地说,风是空气分子的运动。

知识延伸

上面介绍了主要的天气要素，而这些天气要素会对航空运输带来哪些影响呢？首先，当气温发生变化时，会对空气中氧分子的活动带来影响，进而对燃油燃烧带来影响，最终将影响到发动机的推力，导致飞机的升力发生变化，这时航班的载重将发生相应变化。一般来说，在夏季，全国范围普遍高温，高温可造成发动机推动力相对减少，造成航班飞机的全重减载。而冬季气温的变化会带来雨雪天气，对飞行造成不利影响，特别是降雪往往会造成北方很多机场的航班延误甚至停航。而气压的变化也会对包括航班载重量在内的多项指标带来影响，当机场高程较高时，空气相对就会稀薄，进而航班的载重量就要适当降低，由此就可以解释同样的飞机，当在平原机场和高原机场执行任务时，其载重量是有所区别的。雨的发生则会影响能见度，进而对航班的起降带来影响。风对航班正常运营也会带来影响，包括地面大风、风切变等多种现象。本章将在第四节介绍影响航空运输的主要天气。

第二节 地球的圈层结构与大气层

一、地球的圈层结构

地球圈层分为地球外圈和地球内圈两大部分。地球外圈可进一步划分为三个基本圈层，即岩石圈、水圈、大气圈；地球内圈可进一步划分为三个基本圈层，即地壳、地幔和地核。此外在地球外圈和地球内圈之间还存在一个软流圈，它是地球外圈与地球内圈之间的一个过渡圈层，位于地面以下平均深度约150km处。岩石圈、软流圈和地球内圈一起构成了所谓的固体地球。对于地球外圈中的大气圈、水圈和生物圈，以及岩石圈的表面，一般用直接观测和测量的方法进行研究。而地球内圈，主要用地球物理的方法，例如地震学、重力学和高精度现代空间测地技术观测的反演等进行研究。地球各圈层在分布上有一个显著的特点，即固体地球内部与表面之上的高空基本上是上下平行分布的，而在地球表面附近，各圈层则是相互渗透甚至相互重叠的，其中生物圈表现最为显著，其次是水圈。

二、大气层

大气层(Atmosphere)的成分主要有氮气，占78.1%；氧气占20.9%；氩气占0.93%；还有少量的二氧化碳、稀有气体(氦气、氖气、氩气、氪气、氙气、氡气)和水蒸气。大气层的空气密度随高度升高而减小，越高空气越稀薄。大气层的厚度在1000km以上，但没有明显的界线，地球就被这一层很厚的大气层包围着。整个大气层随高度不同表现出不同的特点，分为对流层、平流层、中间层、暖层和散逸层，再上面就是星际空间了（图3-4）。

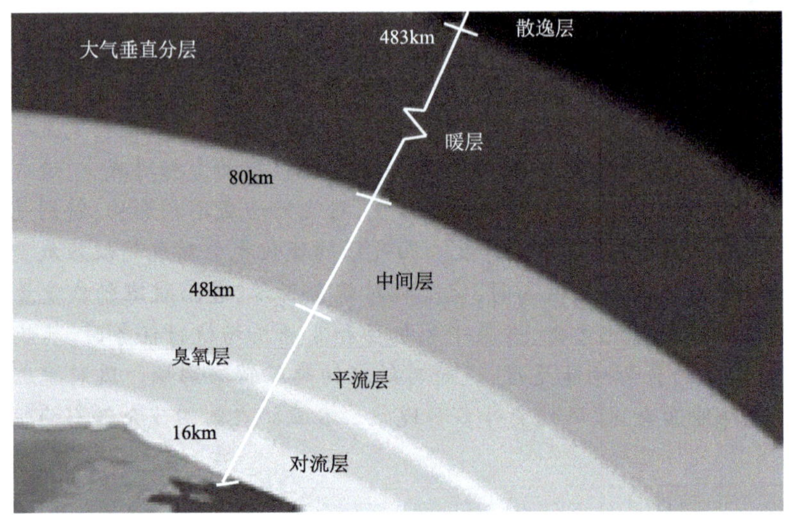

图3-4　大气层示意图

1. 对流层

接近地球表面的一层大气层，空气的移动是以上升气流和下降气流为主的对流运动，叫作“对流层”。它的厚度不一，其厚度在地球两极上空为8km，在赤道上空为17km，平均厚度约为12km，是大气中最稠密的一层，总质量占大气层的四分之三还要多。大气中的水汽几乎都集中于此，是展示风云变幻的“大舞台”：刮风、下雨、降雪等天气现象都是发生在对流层内。对流层最显著的特点是有强烈的对流运动。该层的特点具体如下：

①温度随高度的增加而降低：这是因为该层不能直接吸收太阳的短波辐射，但能吸收地面反射的长波辐射而从下垫面加热大气。因而靠近地面的空气受热多，远离地面的空气受热少。每升高1km，气温约下降6.5℃。

②空气对流：因为岩石圈与水圈的表面被太阳晒热，而热辐射将下层空气烤热，冷热空气发生垂直对流，又由于地面有海陆之分、昼夜之别以及纬度高低之差，因而不同地区温度也有差别，这就形成了空气的水平运动。

③温度、湿度等各要素水平分布不均匀：大气与地表接触，水蒸气、尘埃、微生物以及人类活动产生的有毒物质进入空气层，故该层中除气流做垂直和水平运动外，化学过程十分活跃，并伴随气团变冷或变热，水汽形成雨、雪、雹、霜、露、云、雾等一系列天气现象。

2. 平流层

对流层上面，直到高于海平面50km这一层，气流主要表现为水平方向运动，对流现象减弱，这一大气层叫作“平流层”，又称“同温层”。这里基本上没有水汽，晴朗无云，很少发生天气变化。在20～30km高处，氧分子在紫外线作用下，形成臭氧层，像一道屏障保护着地球上的生物免受太阳紫外线及高能粒子的袭击。对流层与平流层相比有以下特点：

①气温随高度的增加而增加：平流层中大气的热能主要来自臭氧对太阳辐射的吸收，主要是对紫外线的吸收。气温从190K增加到270K。

②大气运动以平流为主，平流层因此得名，该层中气流相对平稳。

③含水汽和杂质极少，云、雨天气现象几乎绝迹。

由此可见，平流层中没有强烈的对流运动，没有危险的天气现象，气流平稳，能见度好，应该是飞机航行的良好层次。

从以上两个层次的分析来看，对流层上部和平流层内应该是飞行的理想层次。但是，目前平流层还没有被充分利用。一方面，飞机本身必须具备高空飞行的能力。随着高度的增加，空气逐渐稀薄，飞行对操纵的反应相对迟缓。这些缺陷只有通过飞机性能的提高才能解决。另一方面，由于行政区划的限制和空中管制的约束，多数中、短程飞行都被限制在较低的层次中。

3. 中间层

中间层，又称中层，是自平流层顶到85km之间的大气层。该层内因臭氧含量低，同时，能被氮、氧等直接吸收的太阳短波辐射已经大部分被上层大气所吸收，所以温度垂直递减率很大，对流运动强盛。中间层顶附近的温度约为190K；空气分子吸收太阳紫外辐射后可发生电离，习惯上称为电离层的D层；有时在高纬度地区夏季黄昏时有夜光云出现。物质组成以氮气和氧气为主，几乎没有臭氧。该层的60～90km高度上，有一个只有在白天出现的电离层，叫作D层。中间层以上，到离地球表面500km，叫作“热层”。在这两层内，经常会出现许多有趣的天文现象，如极光、流星等。

4. 电离层

电离层是地球大气的一个电离区域。60km以上的整个地球大气层都处于部分电离或完全电离的状态，电离层是部分电离的大气区域，完全电离的大气区域称磁层。也有人把整个电离的大气称为电离层，这样就把磁层看作电离层的一部分。大约距地球表面100～800km。最突出的特征是当太阳光照射时，太阳光中的紫外线被该层中的氧原子大量吸收，因此温度升高，故又称暖层。散逸层在暖层之上，为带电粒子所组成。

该层特点是：除地球外，金星、火星和木星都有电离层。电离层从离地面约50km开始一直伸展到约1000km高度的地球高层大气空域，其中存在相当多的自由电子和离子，能使无线电波改变传播速度，发生折射、反射和散射，产生极化面的旋转并受到不同程度的吸收。

在电离作用产生自由电子的同时，电子和正离子之间碰撞复合，以及电子附着在中性分子和原子上，会引起自由电子的消失。大气各风系的运动、极化电场的存在、外来带电粒子不时入侵，以及气体本身的扩散等因素，引起自由电子的迁移。在55km高度以下的区域中，大气相对稠密，碰撞频繁，自由电子消失很快，气体保持不导电性质。在电离层顶部，大气异常稀薄，电离的迁移运动主要受地球磁场的控制，称为磁层。

电离层的主要特性由电子密度、电子温度、碰撞频率、离子密度、离子温度和离子成分等空间分布的基本参数来表示。但电离层的研究对象主要是电子密度随高度的分布。电子密度（或称电子浓度）是指单位体积的自由电子数，随高度的变化与各高度上大气成分、大气密度以及太阳辐射通量等因素有关。电离层内任一点上的电子密度，决定于上述自由电子的产生、消失和迁移三种效应。在不同区域，三者的相对作用和各自的具体作用方式也大有差异。

5. 散逸层

散逸层，又名外层，热层顶以上是外大气层，延伸至距地球表面1000km处。这里的温度很高，可达数千度；大气已极其稀薄，其密度为海平面处的一亿亿分之一。大气层中各层高度及温度分布特点见表3-1。

大气层中各层高度及温度分布变化特点示意表　　表3-1

层序	高度（km）	温度分布变化
对流层	0 ~ 17	随着高度的增加而降低
平流层	17 ~ 50	随着高度的增加而升高
中间层	50 ~ 80	随着高度的增加而降低
电离层	80 ~ 500	随着高度的增加而升高
散逸层	500 ~ 1000	随着高度的增加而升高

知识延伸

民航飞机主要在对流层和平流层活动，从地面算起到约18000m高度之内。其中，没有增压的飞机和小型的喷气飞机在7000m以下的对流层活动；大型和高速的喷气客机（有座舱环境控制系统）在7000 ~ 13000m的对流层顶部和平流层活动，其原因是：在这个高度没有垂直方向的气流，飞机飞得平稳，而且由于空气稀薄，飞行阻力小，飞机可以以较高的速度飞行，节约燃油，经济性能好。对于超音速飞机和一些高速军用飞机，其飞行高度可达13500 ~ 18000m。

第三节　飞行高度层

飞行高度层是指以101.32kPa气压为基准的等压面，各等压面之间具有规定的气压差，以标准大气水平面为基准面，按一定高度差划分的高度层。把航空器配备在不同的高度层上，使航空器之间有规定的安全高度差，是防止航空器互撞或航空器与地面障碍物相撞的重要措施。

根据2007年10月国务院、中央军事委员会修订的中华人民共和国飞行基本规则规定：航路、航线飞行或者转场飞行的垂直间隔，按照飞行高度层配备。

飞行高度层按照以下标准划分：

（1）真航线角在0°～179°范围内，高度在900 ～ 8100m，每隔600m为一个高度层；高度在8900 ～ 12500m，每隔600m为一个高度层；高度在12500m以上，每隔1200m为一个高度层。

（2）真航线角在180°～359°范围内，高度在600 ～ 8400m，每隔600m为一个高度层；高度在9200 ～ 12200m，每隔600m为一个高度层；高度在13100m以上，每隔1200m为一个高度层。

（3）飞行高度层应当根据标准大气压条件下假定海平面计算。真航线角应当从航线起点和转弯点量取。

飞行高度层应当根据飞行任务的性质、航空器性能、飞行区域以及航线的地形、天气和飞行情况等配备。

航路、航线飞行或者转场飞行时，因航空器故障、积冰、绕飞雷雨区等原因需要改变飞行高度层的，机长应当向飞行管制部门报告原因和当时航空器的准确位置，请求另行配备飞行高度层。飞行管制部门允许航空器改变飞行高度层时，必须明确改变的高度层以及改变高度层的地段和时间。

遇有紧急情况，飞行安全受到威胁时，机长可以决定改变原配备的飞行高度层，但必须立即报告飞行管制部门，并对该决定负责。改变高度层的方法是：从航空器飞行的方向向右转30°，并以此航向飞行20km，再左转平行原航线上升或者下降到新的高度层，然后转回原航线。

我国现行的飞行高度层配备标准为：8400m以下飞行高度层实行300m垂直间隔，8400～8900m飞行高度层实行500m垂直间隔，8900～12500m飞行高度层实行300m垂直间隔，12500m以上飞行高度层实行600m垂直间隔。

知识延伸

飞机飞行层数增加，空域容量和流量将增加，可减少航班延误

2007年，我国民航进行了第三次高度层改革。从2007年11月22日起，我国8400～12500m高度范围内的飞行高度层由7层增加至13层。此举可减少因流量控制而造成的航班延误。第三次高度层改革前，我国的飞行高度层配备标准是：8400m高度以下飞行高度层实行300m垂直间隔，8400m高度以上飞行高度层实行600m垂直间隔。新的飞行高度层配备标准改为：8400m以下飞行高度层仍实行300m垂直间隔；缩小8400～12500m高度范围内飞行高度层垂直间隔，即8400～8900m实行500m垂直间隔，8900～12500m实行300m垂直间隔；12500m以上仍维持600m垂直间隔不变。缩小垂直间隔标准后，飞行高度层增加6个，空域容量和利用率得到明显提高，对减少流量控制和航班延误、促进航空运输快速发展具有十分重要的意义。

第四节　影响航空运输的主要天气

引例

2006年5月3日凌晨，亚美尼亚一架客机从亚美尼亚首都埃里温飞往俄罗斯南部城市索契，由于天气条件恶劣，这架空中客车A-320客机抵达索契时曾两次试图在机场迫降，但在第二次迫降时不幸坠入附近的黑海海域，机上113人全部

遇难。

2011年5月7日，印尼鸽记航空公司一架中国制造的新舟60支线飞机，在执行从西巴布亚省索龙市飞往凯马纳县航班准备降落时坠毁，飞机在距离跑道500m处坠入海中，机上有21名乘客和6名机组人员。(能见度低)

2013年1月3日，刚投入使用半年多的云南昆明长水机场出现大雾天气，导致440个航班被取消，约7500名旅客滞留。

2014年7月23日傍晚，台湾复兴航空公司一架从高雄飞澎湖马公的客机，在马公机场降落时，遭遇恶劣天气，在机场附近重飞失败而失事，造成多人伤亡。

2016年，台风"莫兰蒂"于9月15日3时5分在厦门翔安沿海登陆，登陆时中心附近最大风力15级，疾风暴雨过后，厦门机场、厦航机库和厦门太古受损严重，一架波音767也被风吹动，机身受损。

按照正常的飞行过程，可分为起飞爬行、航路巡航、进近着陆3个阶段。其中，起飞爬升和进近着陆两个阶段所用时间约占整个飞行时间的40%，但其发生事故的概率高达95%以上，而占总时间60%左右的航路巡航阶段的事故率在5%以下。据此，可将影响航空运输的主要天气分为影响起降的重要天气以及影响航行的重要天气。

一、影响起降的重要天气

1. 地面大风

引例 

2012年11月8日，15时16分～15时23分，昆明长水机场出现地面阵性大风，15时22分出现风速最大值18m/s，平均风向230°，这是自新机场投入使用以来首次出现地面大风，对机场的正常运营带来影响。

2013年8月，武汉天河机场遭遇12级大风，东方航空一架737-800型客机约90°转圈后，尾翼触碰到停在一旁的廊桥。

2013年8月，因大风天气，多架航班在北京首都机场降落受阻，有的航班多次试降，有的航班只能选择备降或者返航。

风与飞行的关系极为密切，飞机起飞着陆、选择飞行高度、领航以及计算飞机的活动路径与油料消耗等，都必须考虑风的影响。由于逆风会增加浮力，所以一般在逆风情况下起飞或降落。顺风会降低浮力，飞机通常会避免在顺风情况下起飞或降落。飞机降落时如遇侧风剧变，或会偏离跑道中线。

航空上，对风有更严格的规定，机型不同，其所能承受的最大风速允许值也不同。风为矢量，它与跑道的夹角变化时，最大风速允许值也随之发生变化。表3-2列出了不同飞机在不同风向时所能承受的最大风速值。超过此值，则不能安全起降。同时，当机场跑道的客观条件(如摩擦系数)发生变化时，飞机对风的承受能力也将不同。

气象上，一般把地面风速大于12m/s的风称为大风。地面大风是影响航空安全的重要天气因子之一，在飞机起飞和着陆时容易造成操作不当引发严重后果，对地面上的停场飞机和其他设备也会造成破坏。有地面大风时，往往产生乱流涡旋，从而影响飞机的稳定性能，加大操纵难度。尤其是有侧风起降时，使机身倾斜，有时使翼尖擦地，造成事故。风速强劲时甚至对停放的飞机也造成很大的破坏。在一定条件下，地面大风可伴有风沙、吹雪、浮尘等发生，致使近地面的能见度降低，从而影响起降 。

不同机型起降的最大风速允许值示意表　　表3-2

机型 风向与跑道的夹角	B707	B747SP	B757
0°	25m/s	25m/s	25m/s
45°	18m/s	18m/s	18m/s
90°	12m/s	12m/s	15m/s

2. 低空风切变

(1)低空风切变的含义

风切变是指风速和(或)风向在空间的变化，包括上升气流和下降气流的变化。航空器对风切变的反应相当复杂，与航空器类型、飞行阶段和风切变的作用尺度有关。发生在低层(距地面600m)的风切变严重影响航空器的起降，将发生在这一气层中的风切变称为低空风切变。如图3-5所示。

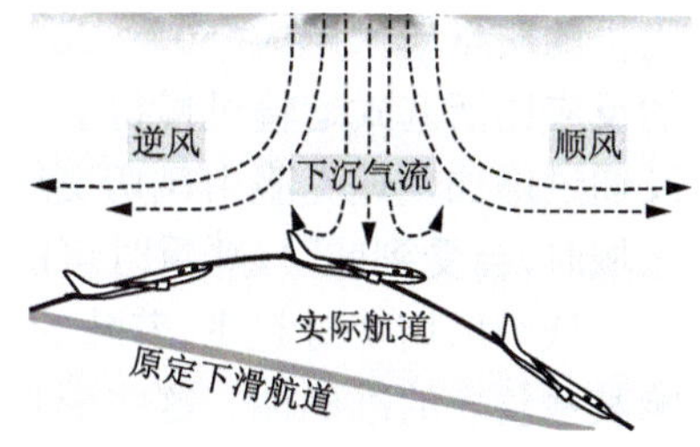

图3-5　低空风切变示意图

低空风切变在水平方向垂直运动的气流存在很大的速度梯度，也就是说垂直运动的风速会出现突然的加剧，就产生了特别强的下降气流，被称为微下冲气流。这个强烈的下降气流存在于一个有限的区域内，并且与地面撞击后转向与地面平行而变为水平风，风向以撞击点为圆心四面发散，所以在一个更大一些的区域内，又形成了水平风切变。

(2)低空风切变的类型

风切变根据风场空间结构不同分为三种类型。即：水平风的垂直切变，指在垂直方向上，一定距离内两点之间的水平风速和(或)风向的改变(“一定距离”通常取30m)；水平风的水平切变，指在水平方向上两点之间的水平风向和(或)风速的改变；垂直风切变，指上升或下降气流(垂直风)在水平方向上两点之间的改变，这类风切变多发生在雷暴云的影响范围里。

根据飞机的运动相对于风矢量之间的各种不同情况，把低空风切变分为四种形式：顺向切变、逆向切变、侧风切变、垂直风切变。

顺风切变：指飞机在起飞、着陆过程中，水平风的变量对飞机来说是顺风。例如，飞机由逆风区进入顺风区，由大逆风区进入小逆风区，由小顺风区进入大顺风区。顺风切变使飞机空速减小，升力下降，飞机下沉，危害较大。

逆风切变：指的是水平风的变量对飞机来说是逆风。例如飞机由小逆风区进入大逆风区，由顺风区进入逆风区，由大顺风区进入小顺风区等，都是逆风切变。逆风切变使飞机空速突然增大，外力也增大，飞机抬升，危害相对要小。

侧风切变：指的是飞机从一种侧风或无侧风状态进入另一种明显不同的侧风状态，它使飞机发生侧滑、滚转或偏转。

垂直风切变：指的是飞机从无明显的升降气流区进入强烈的升降气流区的情形，特别是强烈的下降气流，往往有很强的猝发性，强度很大，使飞机突然下沉，危害很大。对起飞、着陆构成严重威胁的是雷暴云下的下冲气流，在下冲气流强度较大时形成下击暴流。下冲气流中不仅有明显的垂直风切变，还有强烈的水平风切变，常出现严重事故。

（3）低空风切变的危害

由于低空风切变具有变化时间短、范围小、强度大等特点，在这种环境中飞行，相应地就要发生突然性的空速变化，空速变化引起了升力变化，升力变化又引起飞行高度的变化。例如当飞机飞行轨迹正好通过微下冲气流，那么飞机会突然的非正常下降，偏离原有的轨迹，有可能高度过低造成危险。当飞机飞出微下冲气流后，又进入了顺风气流，使飞机与气流的相对速度突然降低，突然的减速很可能使飞机进入失速状态，飞行姿态不可控，因此，低空风切变在飞机起飞、着陆阶段中对飞行安全威胁极大。现在国际和国内的运输机，特别是民航飞机的质量越来越大（50～200t），具有很大的惯性；另外，现代喷气式飞机发动机对推油门的反应比活塞式运输机慢得多，发动机增速所需时间较长。当遭遇低空风切变时，往往来不及通过增加空速克服由风切变造成的升力损失，因此，当飞机起飞和着陆进入强低空风切变区域时，会受到威胁，严重时可能发生飞行事故。

低空风切变对起飞、着陆的主要影响有：改变飞机航迹；影响飞机的稳定性和操纵性；影响某些仪表的准确性。这些影响都会对飞机的操纵带来困难，严重影响安全。

①顺风切变对起飞、着陆的影响。

飞机着陆过程中进入顺风切变区时（例如从强逆风突然转为弱逆风，或从逆风突然转为无风或顺风），指示空速会迅速降低，升力就会明显减小，从而使飞机不能保持下滑线而向下掉高度。此时的修正动作是加油门带杆使飞机增速，减小下降率，回到下滑线上后再稳杆收油门重新建立下滑姿态。但如果顺风切变的高度很低，飞行员来不及及时修正，将会造成大的偏差。如图3-6所示。

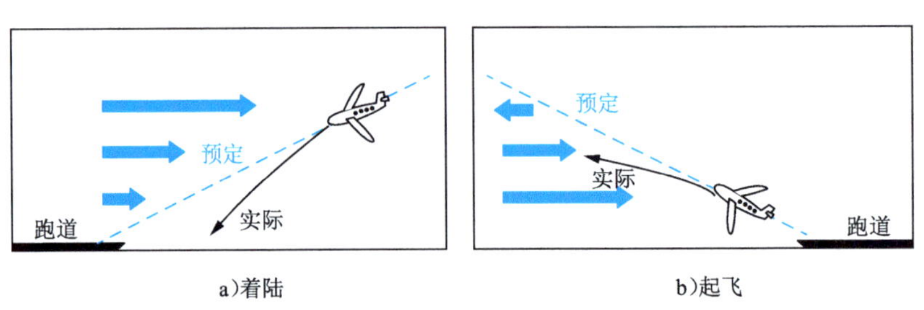

图3-6　顺风切变对起飞、着陆的影响示意图

②逆风切变对起飞、着陆的影响。

飞机着陆下滑进入逆风切变区时（例如从强的顺风突然转为弱顺风，或从顺风突然转为无风或逆风），指示空速迅速增大，升力明显增加，飞机被抬升，脱离正常下滑线。飞行员的

修正动作是收油门松杆，使飞机减速，增加下降率，回到下滑线上后再加油门带杆使飞机重新建立下滑姿态。如图3-7所示。

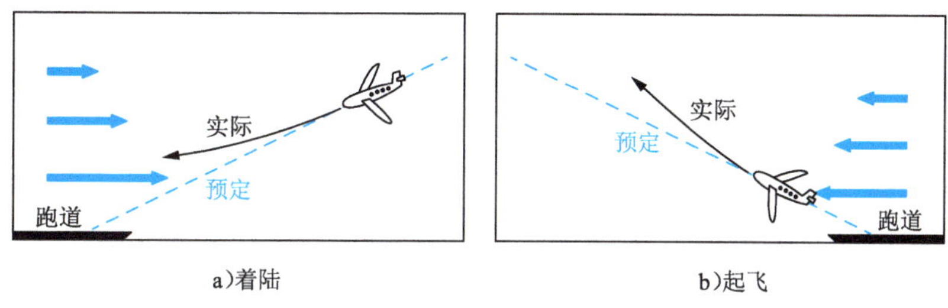

图3-7　逆风切变对起飞、着陆的影响示意图

③侧风切变对起飞、着陆的影响。

侧风切变会使起飞、着陆过程中的飞机产生侧滑，带坡度，使飞机偏离预定滑行方向，造成横侧偏差。如图3-8所示。

④垂直风切变对着陆的影响。

当飞机在着陆过程中遇到升降气流时，飞机的升力会发生变化，从而使下降率发生变化。垂直风对飞机着陆危害巨大，飞机在雷暴云下进近着陆时常遇到严重的下降气流，对于这种情况，飞行员能做的就是复飞。如图3-9所示。

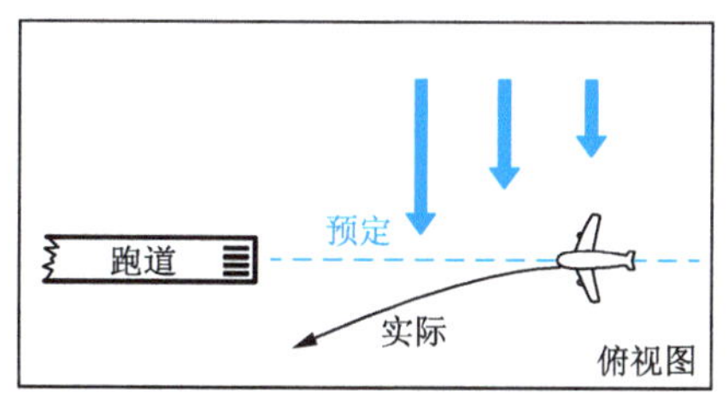

图3-8　侧风切变对起飞、着陆的影响示意图(俯视图)

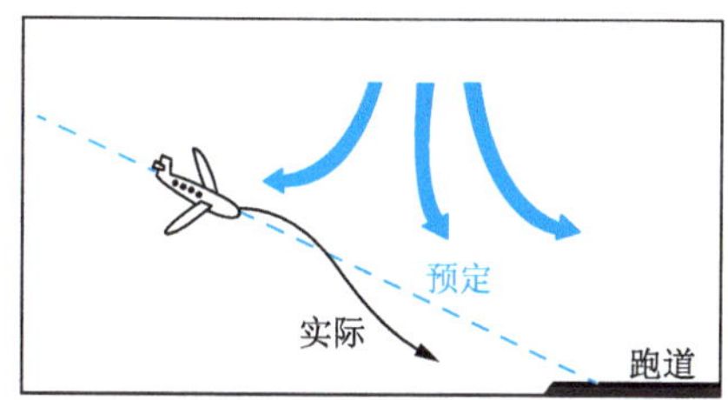

图3-9　垂直风切变对着陆的影响示意图

(4)产生低空风切变的天气条件

①雷暴。雷暴是产生风切变的重要天气条件。雷暴的下降气流在不同的区域可造成两种不同的风切变。一种是发生在雷暴单体下面，由下冲气流造成的风切变，这种风切变的特点是范围小，寿命短，强度大。另一种是雷雨中的下冲气流到达地面后，形成强烈的冷性气流向四外传播，这股气流可传到离风暴20km处，由于它离开雷暴主体，并且不伴随其他可见的天气现象，所以往往不易发现，对飞行威胁较大。

②锋面。锋面是产生风切变最多的气象条件。锋两侧气象要素有很大差异，锋面过渡区的垂直结构，是产生风切变的重要条件。一般说来，在锋两侧温差大(≥5℃)和(或)移动快(≥55km/h)的锋面附近，都会产生较强的风切变。

③辐射逆温型的低空气流。当晴夜产生强辐射逆温时，在逆温层顶附近常有低空气流，高度一般为几百米，有时可在100m以下，与逆温层的高度相联系，有时也称它为夜间急流。它的形成是因为逆温层阻挡了在其上的大尺度气流运动与地面气层之间的混合作用和动量传递，因而在逆温层以上形成了最大风速区，即低空急流。逆温层阻挡了风速向下的动量传递，使地面风很弱，而且风向多变，这样就在地面附近与上层气流之间形成了较大的风切变。

从总体上说，这种风切变强度比雷暴或锋面的风切变要小得多，但比较有规律，一般秋冬季较多。低空急流在日落后开始形成，日出前达到最强，日出后随逆温层的解体而消失，在夜间和拂晓对飞行有一定影响。

④地形和地物。当机场周围山脉较多或地形、地物复杂时，常有由于环境条件产生的低空风切变。当阵风风速比其平均值增减5m/s以上时，或大风吹过跑道附近的高大建筑物时，会产生局地性风切变。

3. 低能见度

能见度，是反映大气透明度的一个指标，航空界对能见度的定义为具有正常视力的人在当时的天气条件下还能够看清楚目标轮廓的最大距离。能见度和当时的天气情况密切相关。当出现降雨、雾、霾、沙尘暴等天气过程时，大气透明度较低，因此能见度较差。低能见度天气主要由低云、降水、雾、风沙、吹雪、浮尘、烟、霾等天气现象产生。能见度与飞行活动有密切关系，能见度不好是飞行活动中严重的视程障碍，直接给目视飞行造成困难，甚至会危及飞行安全。空军气象台预报的能见度通常是1km、2km、4km、6km、8km、10km和10km以上几个等级。当能见度在4km以下时就称为复杂气象；当能见度大于10km，就认为能见度很好。能见度也是决定本机场开放还是关闭的最关键的决定因素。在地面导航设备较差的机场，在能见度小于0.8km时就要关闭。

低能见度会使着陆中看不清跑道，使飞机偏离跑道或过早、过迟接地；能见度差，飞行指挥员看不到飞机，容易造成指挥错误；飞行员看不清地标只凭感觉和仪表飞行，同时由于心理压力，产生操纵错误发生事故。

（1）低云

低云，通常称为“低云族”，常指高度在2500m以下的云，个别地区有时高达3500m，非常壮观。低云多由水滴组成，厚的或垂直发展旺盛的低云则是由水滴、过冷水滴、冰晶混合组成。云底高度一般在2500m以下，但又随季节、天气条件及不同的地理纬度而有变化。大部分低云都可能产生降水，雨层云常有连续性降水，积雨云多有阵性降水，有时降水量很大。特别是云底高度在500m以下的云，生成和移动较快，短时间内可掩盖整个机场上空，使能见度迅速降低，对安全起降影响很大。

（2）降水

地面从大气中获得的水汽凝结物，总称为降水，它包括两部分，一是大气中水汽直接在地面或地物表面及低空的凝结物，如霜、露、雾和雾凇，又称为水平降水；另一部分是由空中降落到地面上的水汽凝结物，如雨、雪、霰雹和雨凇等，又称为垂直降水。但是单纯的霜、露、雾和雾凇等，不作降水量处理。降水使能见度降低，降水越强，能见度越低。降水能见度见表3-3。

降水能见度示意表　　表3-3

降水	小雨	中雨	大雨	小雪	中雪	大雪
能见度(km)	>10	4~10	<4	>1	0.5~1	<0.5

降水不但能使能见度降低，而且其附着于飞机和地表，对低空飞行及着陆都产生不利的影响。在空中，降水在座舱玻璃上造成流水或黏附雪花，使空中能见度更低。飞机如在过冷

水滴的云层下飞行，会迅速结冰，危及安全。在大雨中飞行时，由于雨水的附着，改变机身表面形态，往往使升力减小、阻力增大的同时，因大雨对机身的冲击，损失飞机的水平和垂直动量，使其在进近阶段过快而失速。在地面，降水附着在跑道上，地面摩擦力减小，使操纵困难。特别是跑道积雪、结冰时更为显著，在快速滑行或突然刹车时，飞机可能偏离跑道。

（3）雾

在水汽充足、微风及大气层稳定的情况下，如果接近地面的空气冷却至某程度时，空气中的水汽便会凝结成细微的水滴悬浮于空中，使地面水平的能见度下降，这种天气现象称为雾。雾的出现以春季二至四月间较多。凡是大气中因悬浮的水汽凝结，能见度低于1km时，气象学称这种天气现象为雾。雾形成的条件：一是冷却；二是加湿，增加水汽含量。雾的种类有辐射雾、平流雾、混合雾、蒸发雾、烟雾。

雾形成的条件，一是冷却；二是加湿；三是有凝结核，增加水汽含量。一种雾是由辐射冷却形成的，多数出现在晴朗、微风、近地面水汽比较充沛且比较稳定或有逆温存在的夜间和清晨，气象上叫辐射雾；另一种是暖而湿的空气作水平运动，经过寒冷的地面或水面，空气中的水蒸气逐渐受冷液化而形成的雾，气象上叫作平流雾；有时兼有两种原因形成的雾叫混合雾。可以看出，能具备这些条件的就是深秋初冬，尤其是深秋初冬的早晨。

城市中的烟雾是另一种原因所造成的，那就是人类的活动。早晨和晚上正是供暖锅炉的高峰期，大量排放的烟尘悬浮物和汽车尾气等污染物在低气压、风小的条件下，不易扩散，与低层空气中的水蒸气相结合，比较容易形成烟尘（雾），而这种烟尘（雾）持续时间往往较长。如被称为“雾都”的伦敦。

当机场上空有浓雾时，将严重妨碍飞机的起降，所以雾是造成航班延误最主要的天气之一。

4. 雷暴

雷暴是伴有雷击和闪电的局地对流性天气。它通常伴随着滂沱大雨或冰雹，在冬季时甚至会随暴风雪而来，因此属强对流天气系统。雷暴共分为三种，分别为单体雷暴、多体雷暴及超级单体雷暴。

单体雷暴是在大气不稳定，但只有少量甚至没有风切变时发生。这些雷暴通常较为短暂，不会持续超过1h。在平日亦有很多机会看到这种雷暴，因此亦被称为阵雷。

多单体雷暴由多个单体雷暴所组成，是由单细胞雷暴进一步发展而成的。这时会因为气流的流动而形成阵风带，这个阵风带可以延绵数里，如果风速加快、大气压力加大及温度下降，这个阵风带会越来越大，并且吹袭更大的区域。

超级单体雷暴是在风切变极大时发生的，并由各种不同程度的雷暴组成。这种雷暴的破坏力最大，并且有30%可能性会产生龙卷风。

根据雷暴形成时不同的大气条件和地形条件，一般将雷暴分为热雷暴、锋雷暴和地形雷暴三大类。此外，也有人把冬季发生的雷暴划为一类，称为冬季雷暴。在我国南部还常出现所谓旱天雷，也叫干雷暴。

雷暴对飞机起降以及巡航均有较大影响，强雷暴的出现往往对飞行造成危险。在雷暴中飞行时，云中强烈的乱流使飞行发生严重颠簸，甚至使飞机处于无法控制的状态；云中大量的过冷水滴会使飞机发生积冰；闪电会严重干扰无线电通信，甚至烧坏仪器；冰雹可能击穿飞机蒙皮等。在一般情况下，应避免在雷暴区飞行。通常，出发机场和到达机场有雷暴天气发生时，都会造成航班大面积延误。鉴于雷暴对航空运输的影响，也称其为“空中杀手”。

二、影响航行的重要天气及现象

航行是指飞机在高空的平飞阶段，此阶段可能遇到雷暴、飞机颠簸、飞机结冰、高空急流、山地气流等危险天气及现象。

1. 雷暴

强雷暴的堡状云体可能达到7000m以上，从而对航行产生威胁。

2. 飞机颠簸

飞机颠簸是飞机进入扰动空气层后发生的左右摇晃、前后冲击、上下抛掷及机身振颤等现象。飞机颠簸使飞机各部承受的荷载发生变化，可能造成部件损害。颠簸发生时，常使仪表示度失常，难以靠仪表飞行。同时，飞机的颠簸会增大飞行阻力，增加燃料消耗，影响航程。还会使机组人员与旅客困乏疲惫。飞机颠簸为扰动气流所致，扰动气流在不同高度层都有可能发生。飞机颠簸几乎在每次飞行中都会遇到，一般不会出现太大危险。但如果遇到强烈的扰动气流，也可能造成严重事故。

引例 

2012年，南方航空一架飞往上海的客机，在途中突然遭遇强气流。据描述，飞机在起飞约半小时后突然下坠，机舱内没有绑安全带的乘客和正在派餐的空姐都飞了起来，撞到天花板，而饮品则在无重状态下飘在空中。突然顿了一下之后，人和物都一起砸了下来，整个机舱和旅客的身上都是饮料，而餐盒、餐车、杂志、报纸等则散落四处。后来飞机猛地往上拉回来，有一种重砸在地上的感觉，飞机才恢复正常。颠簸可能在空中任何高度发生，造成飞机空中颠簸的原因复杂，但最常见、危险性最大的是晴空颠簸，因为没有云团等可见的天气现象，飞行机组难以提前发现并避让颠簸区。晴空颠簸的预报和预防是民航界的难点和重点。

3. 飞机积冰

飞机航行时，大气中的过冷水滴在飞机表面冻结成冰层的现象称飞机积冰。飞机积冰多发生在飞机突出的迎风部位。积冰后，飞机的空气动力性能变坏，影响稳定性和操纵性。天线积冰将妨碍通信联系。座舱盖积冰使目视飞行发生困难。现代化大型客机上，装有防冰设备。除少数恶劣情况下仍有积冰现象外，一般不会发生很大危险。

4. 高空急流

高空急流是指高空中风速超过30m/s的强、窄气流。高空气流的分布比较有规律，某些急流随季节的变化而南北移动。我国青藏高原南北两侧有北支西风急流和南支西风急流，它们夏季北移，冬季南移。在我国南海地区上空还存在一条东风急流。在急流中，风的水平切变和垂直切变明显，容易使气流产生扰动，从而造成飞机颠簸。飞机逆高空急流飞行时，速度降低，燃料消耗大。横穿急流时，将产生很大的偏流，难以保持航向。如掌握了高空急流的分布及其特点，顺其飞行，则可节省燃油。

5. 山地气流

气流过山时，因受阻被迫绕山和抬升，造成气流升降。越山后，往往又在背风坡造成乱流。由于山区地形和气候的复杂变化，还会产生动力乱流和热力乱流。飞越山地时，在迎风坡，飞机受上升气流的抬举而自动升高，在背风坡则受下降气流影响自动下降。比较而言，背风坡对飞行更具有危害。在山区，飞机被迫下降时可能造成撞山事故，也可能被下降气流带入背风坡涡旋中，使飞机难以操控。此外，山地乱流也会对飞行造成较大影响。因此，在山地飞行时应尽量保持在安全高度之上。

知识延伸

天气原因是造成航班延误的主要原因。一般认为，天气恶劣是显而易见的，因其造成的航班延误旅客能给予理解，其实不见得。

民航方面对于因天气恶劣造成延误的解释是：天气原因，不够飞行标准，不能按时起飞。一般民航服务人员往往和旅客一样也不了解具体是什么恶劣天气影响航班的。从旅客角度来看：天气恶劣就是大风、大雨、大雾，飞机可能无法起降，航班就要延误。这种认识是片面的，会造成很多误解，尤其是出现有的航班能走，有的又走不了的情况下。

“天气原因”这简单的四个字实际包含了很多种情况：出发地机场天气状况不宜起飞；目的地机场天气状况不宜降落；飞行航路上气象状况不宜飞越等。

为了确保飞行安全，符合飞行、起飞、降落的天气标准有不少，天气状况对一次航班飞行的影响体现在以下几个方面：

——出发地机场天气状况（能见度、低空云、雷雨区、强侧风）。

——目的地机场天气状况（能见度、低空云、雷雨区、强侧风）。

——飞行航路上的气象情况（高空雷雨区）。

——机组状况（机组技术等级、分析把握当前气象及趋势所做出的决策）。

——飞机状况（该机型对气象条件的安全标准、符合安全的前提下某些机载设备失效导致飞机不宜在该天气状况飞行）。

——因恶劣天气导致的后续状况（多指机场导航设施受损，跑道情况达不到标准，如结冰、严重积水等）。

常见的因天气原因延误情形释疑：

首先，目的地城市天气良好无大雨无大风，却仍然延误。目的地机场所在城市天气状况良好不代表该机场适宜飞机降落，覆盖在机场起飞降落航道附近是低云、雷雨区，这是导致这类型延误的常见因素。为确保飞行安全，飞机即使处在自动降落状况，在降落前的一定高度（一般为60m）飞行员也必须完全能见跑道及地面状况，如果此时无法能见跑道，是不允许降落的。

其次，一旦在狭窄的航路上出现雷雨区等状况，某些条件下可采取绕过雷雨区的方式通过。但出于飞行安全和国防需要，民航航路是严格受限的，可绕飞、回旋的余地很小，雷雨区较大时,此方法就行不通了。

再有,就是去同一个目的地,有的飞机能飞,有的却告知因为天气延误,出现这种情况的可能性很多,首先要明确的是飞机起降的标准与飞机机型有关,同样的机型在各航空公司定的具体安全标准也可能有差异,机长根据当前气象及趋势做出的决策也会有所不同,这取决于机长对飞机状态、机场、气象等判断后的决定。《中华人民共和国民用航空法》规定,机长发现民用航空器、机场、气象条件等不符合规定,不能保证飞行安全的,有权拒绝飞行。

还有一种情况就是,快到目的地机场才告知因天气原因无法降落而备降其他机场或返航,而有些飞机又能正常落地。虽然民航气象部门依靠先进的设备会不断发布比较准确的气象变化趋势预报,以利于航班运作和调度,但天气情况是不断变化的,也难以很准确地判断,这就会出现到快落地时天气情况突然恶化导致飞机无法降落的情况,出于安全考虑或油量不足以继续盘旋等待天气好转,飞机就不得不备降其他机场。

天气不断在变化,可能出现短时间的恶劣天气。这就会出现5分钟前和5分钟后的天气都允许飞机降落,而某一飞机正好赶上那阵恶劣的天气状况而无法降落,这是常见的现象。同时,如前所述,当天气处于标准边缘时,能否降落由机长决定。机长认为天气不宜降落,要备降其他机场或返航是应该绝对支持的。

关于天气原因导致航班延误的关键点是:天气原因绝不仅仅是指目的地机场所在城市的天气状况,飞机起降不怕大风大雨,影响的关键气象因素是能见度和机场起飞降落航道附近的低云、雷雨区,强侧风。眼前虽然天气晴朗,航班却因天气原因而延误是正常的。

简答题

1. 对比分析大气层结构以及对流层、平流层的特点。
2. 简述不同天气要素对航空运输的影响。
3. 我国飞行高度层配备标准是什么?
4. 低空风切变对飞机着陆的影响是什么?
5. 影响飞机起降的天气有哪些?
6. 影响飞机航行的天气有哪些?

第四章

航空运输相关组织

本章重点

- 掌握ICAO的情况。
- 掌握IATA的情况。
- 掌握航权的含义。
- 掌握其他组织的情况。

第一节 世界航空运输相关组织

一、ICAO

国际民用航空组织(International Civil Aviation Organization,简称ICAO),简称国际民航组织,是联合国的一个专门机构,于1944年12月7日在美国的芝加哥,为促进全世界民用航空安全、有序的发展而成立。国际民航组织总部设在加拿大蒙特利尔,制订国际空运标准和条例,是192个缔约国在民航领域中开展合作的媒介,是联合国的专门机构。

1. 历史

国际民航组织的前身为根据1919年《巴黎公约》成立的空中航行国际委员会(ICAO)。由于第二次世界大战对航空器技术发展起到了巨大的推动作用,使得世界上已经形成了一个包括客货运输在内的航线网络,但随之也引起了一系列急需国际社会协商解决的政治上和技术上的问题。因此,在美国政府的邀请下,52个国家于1944年11月1日至12月7日参加了在芝加哥召开的国际会议,签订了《国际民用航空公约》(通称《芝加哥公约》),按照公约规定成立了临时国际民航组织(PICAO)。1947年4月4日,《芝加哥公约》正式生效,国际民航组织也因之正式成立,并于5月6日召开了第一次大会。同年5月13日,国际民航组织正式成为联合国的一个专门机构。1947年12月31日,空中航行国际委员会终止,并将其资产转移给"国际民用航空组织"。

2. 宗旨

国际民航组织(ICAO)的宗旨和目的在于发展国际航行的原则和技术,促进国际航空运输的规划和发展,以便实现下列各项目标:确保全世界国际民用航空安全地和有秩序地发展;鼓励为和平用途的航空器的设计和操作技术;鼓励发展国际民用航空应用的航路、机场和航行设施;满足世界人民对安全、正常、有效和经济的航空运输的需要;防止因不合理的竞争而造成经济上的浪费;保证缔约各国的权利充分受到尊重,每一缔约国均有经营国际空运企业的公平的机会;避免缔约各国之间的差别待遇;促进国际航行的飞行安全;普遍促进国际民用航空在各方面的发展。

以上九条共涉及国际航行和国际航空运输两个方面问题。前者为技术问题，主要是安全；后者为经济和法律问题，主要是公平合理，尊重主权。两者的共同目的是保证国际民航安全、正常、有效和有序地发展。

3. 组织机构

国际民航组织由大会、理事会和秘书处三级框架组成。

大会是国际民航组织的最高权力机构，由全体成员国组成。大会由理事会召集，一般情况下每三年举行一次，遇有特别情况时或经五分之一以上成员国向秘书长提出要求，可以召开特别会议。大会决议一般以超过半数通过。参加大会的每一个成员国只有一票表决权。但在某些情况下，如《芝加哥公约》的任何修正案，则需三分之二多数票通过。大会的主要职能为：选举理事会成员国，审查理事会各项报告，提出未来三年的工作计划，表决年度财政预算，授权理事会必要的权力以履行职责，并可随时撤回或改变这种权力，审议关于修改《芝加哥公约》的提案，审议提交大会的其他提案，执行与国际组织签订的协议，处理其他事项等。大会召开期间，一般分为大会、行政、技术、法律、经济五个委员会对各项事宜进行讨论和决定，然后交大会审议。

理事会是向大会负责的常设机构，由大会选出的33个缔约国组成。理事国分为三类：第一类是在航空运输领域居特别重要地位的成员国，第二类是对提供国际航空运输的发展有突出贡献的成员国，第三类是区域代表成员国。比例分配为10 ∶ 11 ∶ 12。理事会设主席一名。主席由理事会选举产生，任期三年，可连选连任。理事会每年召开三次会议，每次会议会期约为两个月。理事会下设财务、技术合作、非法干扰、航行、新航行系统、运输、联营导航、爱德华奖八个委员会。每次理事会开会前，各委员会先分别开会，以便将文件、报告或问题提交理事会。理事会的主要职责包括：执行大会授予并向大会报告本组织及各国执行公约的情况；管理本组织财务；领导属下各机构工作；通过公约附件向缔约各国通报有关情况，以及设立运输委员会，研究、参与国际航空运输发展和经营有关的问题并通报成员国，对争端和违反《芝加哥公约》的行为进行裁决等。

秘书处是国际民航组织的常设行政机构，由秘书长负责保证国际民航组织各项工作的顺利进行。秘书长由理事会任命，现任秘书长为柯斯塔•佩雷拉将军（巴西人）。秘书处下设航行局、航空运输局、法律局、技术合作局、行政局五个局以及财务处、外事处，此外，秘书处有一个地区事务处和七个地区办事处，地区办事处分设在曼谷、开罗、达喀尔、利马、墨西哥城、内罗华和巴黎。地区办事处直接由秘书长领导，主要任务是建立和帮助缔约各国实行国际民航组织制定的国际标准和建设措施以及地区规划。

4. 成员管理

关于国际民航组织成员的资格问题，由1944年《芝加哥公约》以及国际民航组织与联合国签订的协议所规定。

各国通过批准和加入《芝加哥公约》获得国际民航组织成员资格。《芝加哥公约》规定，公约自26个国家批准后生效。因此，最初批准公约的26个国家成为国际民航组织的创始成员国。创始成员国不具备任何特权，与随后加入的成员所享有的权利和承担的义务是完全相同的。公约生效后，即开放加入，但范围限于联合国成员国、与联合国成员国联合的国家或在第二次世界大战中的中立国。同时，公约也准许其他国家加入，但需得到联合国的许可并经大会五分之四的票数通过；如果该国在第二次世界大战中侵入或者攻击了别国，那么必须在得到受到侵入或者攻击的国家的同意后，由国际民航组织把申请书转交联合国全体大会，若大会在接到第一次申请后的第一次会议上没有提出拒绝这一申请的建议，国际民航组织才可以按照公约规定批准该申请国加入国际民航组织。

根据《芝加哥公约》的规定，任何成员国在合理的期限内，不能履行其财政上的义务或者违反了该公约关于争端和违约规定时，将被中止或暂停其在大会和理事会的表决权。如果联合国大会建议拒绝一国政府参加联合国建立或与联合国发生关系的国际机构，则该国即自动丧失国际民航组织成员国的资格。但经该国申请，由理事会多数通过，并得到联合国大会批准后，可重新恢复其成员资格。

任何缔约国都可以在声明退出《芝加哥公约》的通知书送达之日起一年之后退出公约，同时退出国际民航组织。如果有关公约的修正案决议中规定，任何国家在该修正案生效后的规定时期内未予批准，即丧失其国际民航组织成员的资格。对于没有履行这一义务的缔约国而言，就被剥夺了成员资格。

5. 主要活动

国际民航组织按照《芝加哥公约》的授权，发展国际航行的原则和技术。近二十年，各种新技术飞速发展，全球经济环境也发生了巨大变化，对国际民用航空的航行和运输管理制度形成了前所未有的挑战。为加强工作效率和针对性，继续保持对国际民用航空的主导地位，国际民航组织制订了战略工作计划，重新确定了工作重点，于1997年2月由其理事会批准实施。

（1）法规（Constitutional Affairs）

修订现行国际民航法规条款并制订新的法律文书。主要项目有：敦促更多的国家加入关于不对民用航空器使用武力的《芝加哥公约》第3分条和在包用、租用和换用航空器时由该航空器登记国向使用国移交某些安全职责的第83分条（我国均已加入）；敦促更多的国家加入《国际航班过境协定》（我国尚未加入）；起草关于统一承运人赔偿责任制度的《新华沙公约》；起草关于导航卫星服务的国际法律框架。

（2）航行（Air Navigation）

制订并刷新关于航行的国际技术标准和建议措施是国际民航组织最主要的工作，《芝加哥公约》的18个附件，有17个都是涉及航行技术的。战略工作计划要求这一工作跟上国际民用航空的发展速度，保持这些标准和建议措施的适用性。

规划各地区的国际航路网络、授权有关国家对国际航行提供助航设施和空中交通与气象服务，对各国在其本国领土之内的航行设施和服务提出建议，是国际民航组织“地区规划（Regional Air Navigation Planning）”的职责，由7个地区办事处负责运作。由于各国越来越追求自己在国际航行中的利益，冲突和纠纷日益增多，致使国际民航组织的统一航行规划难以得到完全实施。战略工作计划要求加强地区规划机制的有效性，更好地协调各国的不同要求。

（3）安全监察（Safety Oversight Program）

全球民航重大事故率平均为1.44架次/百万架次，随着航空运输量的增长，如果这一比率不降下来，事故的绝对次数也将上升到不可接受的程度。国际民航组织从20世纪90年代初开始实施安全监察规划，主要内容为各国在志愿的基础上接受国际民航组织对其航空当局安全规章的完善程度以及航空公司的运行安全水平进行评估。这一规划已在第32届大会上发展成为强制性的"航空安全审计计划(Safety Audit Program)",要求所有的缔约国必须接受国际民航组织的安全评估。

安全问题不仅在航空器运行中存在,在航行领域的其他方面也存在,例如空中交通管制和机场运行等。为涵盖安全监察规划所未涉及的方面,国际民航组织还发起了"在航行域寻找安全缺陷计划(Program for Identifying Safety Shortcomings in the Air Navigation Field)"。

作为航空安全的理论研究,现实施的项目有"人类因素(Human Factors)"和"防止有控飞行撞地(Prevention of Controlled Flight into Terrain)"。

(4)制止非法干扰(Aviation Security)

制止非法干扰,即我国通称的安全保卫或空防安全。这项工作的重点为敦促各缔约国按照附件17 "安全保卫"规定的标准和建议措施,特别加强机场的安全保卫工作,同时大力开展国际民航组织的安全保卫培训规划。

(5)实施新航行系统(ICAO CNS/ATM Systems)

新航行系统,即国际民航组织通信、导航、监视/空中交通管制系统,是集计算机网络技术、卫星导航和通信技术以及高速数字数据通信技术为一体的革命性导航系统,将替换现行的陆基导航系统,大大提高航行效率。20世纪80年代末期该概念由国际组织提出,于20世纪90年代初完成全球规划,现已进入过渡实施阶段。这种新系统要达到全球普遍适用的程度,尚有许多非技术问题要解决。战略工作计划要求攻克的难题包括:卫星导航服务(GNSS)的法律框架、运行机构,全球、各地区和各国实施进度的协调与合作,融资与成本回收等。

(6)航空运输服务管理制度(Air Transport Services Regulation)

国际民航组织在航空运输领域的重点工作为"简化手续(Facilitation)",即"消除障碍以促进航空器及其旅客、机组、行李、货物和邮件自由地、畅通无阻地跨越国际边界"。18个附件中唯一不涉及航行技术问题的就是对简化手续制订标准的建议措施的附件9"简化手续"。

在航空运输管理制度方面,1944年的国际民航会议曾试图制订一个关于商业航空权的多边协定来取代大量的双边协定,但未获多数代表同意。因此,国家之间商业航空权的交换仍然由双边谈判来决定。国际民航组织在这方面的职责为,研究全球经济大环境变化对航空运输管理制度的影响,为各国提供分析报告和建议,为航空运输中的某些业务制订规范。战略工作计划要求国际民航组织开展的工作有:修订计算机订座系统营运行为规范、研究服务贸易总协定对航空运输管理制度的影响。

(7)统计(Statistics)

《芝加哥公约》第54条规定,理事会必须要求、收集、审议和公布统计资料,各国有义务报送这些资料。这不仅对指导国际民航组织的审议工作是必要的,而且对协助各国民航当局根据现实情况制订民航政策也是必不可少的。这些统计资料主要包括:承运人运输量、分航段运输量、飞行始发地和目的地、承运人财务、机队和人员、机场业务和财务、航路设施业务和财务、各国注册的航空器、安全、通用航空以及飞行员执照等。

国际民航组织的统计工作还包括经济预测和协助各国规划民航发展。

(8)技术合作

20世纪90年代以前,联合国发展规划署援助资金中5%用于发展中国家的民航项目,委托给国际民航组织技术合作局实施。此后,该署改变援助重点,基本不给民航项目拨款。鉴于不少发展中国家引进民航新技术主要依靠外来资金,国际民航组织强调必须继续维持其技术合作机制,资金的来源,一是靠发达国家捐款,二是靠受援助国自筹资金,委托给国际民航组织技术合作局实施。不少发达国家认为国际民航组织技术合作机制效率低,养人多,还要从项目资金中提取13%管理费,很少向其捐款,主要选择以双边的方式直接同受援国实施项目。

(9)培训

国际民航组织向各国和各地区的民航训练学院提供援助,使其能向各国人员提供民航各专业领域的在职培训和国外训练。战略工作计划要求,今后培训方面的工作重点是加强课程的标准化和针对性。

6. 同中国关系

我国是国际民航组织的创始国之一,于1944年签署了《国际民用航空公约》,并于1946年正式成为会员国。1971年11月19日国际民航组织第七十四届理事会第十六次会议通过决议,承认中华人民共和国政府为中国唯一合法代表。1974年我国承认《国际民用航空公约》并参加国际民航组织的活动。同年我国当选为二类理事国,至今已八次连选连任二类理事国。2004年在国际民航组织的第35届大会上,我国当选为一类理事国。蒙特利尔设有中国常驻国际民航组织理事会代表处。2013年9月28日,中国在加拿大蒙特利尔召开的国际民航组织第38届大会上再次当选为一类理事国。这是自2004年以来,中国第四次连任一类理事国。当天参加投票选举的国家有173个,除中国外,德国、日本、意大利、澳大利亚、俄罗斯、巴西、美国、英国、法国、加拿大也同时继续当选一类理事国。中国自1974年恢复参加国际民航组织活动以来,连续10次当选为国际民航组织二类理事国,并于2004年竞选成为一类理事国。作为国际民航组织的创始国之一,中国积极参与国际民航组织各类活动和项目。2010年来,中国向国际民航组织的航空保安行动计划、北亚地区运行安全及持续适航合作、非洲航空安全全面实施计划项目提供了82万美元捐款,并与国际民航组织合作,为发展中国家培训了近200多名航空专业人员。

7.《芝加哥公约》

(1)历史

国际民航组织于1944年12月7日通过《国际民用航空公约》,因其在美国城市芝加哥签订,故又称其为《芝加哥公约》。根据《芝加哥公约》的规定,1947年4月1日,国际民航组织正式成立。1992年9月召开的国际民航组织第29届大会作出决议,自芝加哥公约签署50周年的1994年起,将每年的12月7日定为"国际民航日"。我国于1974年2月15日承认该公约,同时决定参加国际民航组织的活动。

(2)主要内容

①确认国家航空主权原则:公约规定,缔约各国承认每一国家对其领土之上的空气空间具有完全的排他的主权。

②适用范围:公约只适用于民用航空机。

③飞机的权利:公约规定,关于不定期航空业务,各缔约国同意不需要事先批准,飞机有权飞入另一国领土,或通过领土作不停降的飞行;关于定期航班,则需要通过签订双边协定的方式,才得以在该国领土上空飞行或进入该领土。

④国家主权:公约规定,各缔约国有权拒绝外国飞机在其国内两个地点之间经营商业性客货运输,及因军事需要或公共安全的理由可以设置飞行禁区。

⑤设立国际民用航空组织：为及时处理因民用航空迅速发展而出现的技术、经济及法律问题，设立国际民用航空组织作为公约的常设机构。公约规定了该机构的名称、目的和大会、理事会、航空委员会等的组成及职责。

⑥争议和违约：公约规定，缔约国发生争议可提交理事会裁决，或向国际法庭上诉；对空运企业不遵守公约规定者，理事会可停止其飞行权；对违反规定的缔约国，可暂停其在大会、理事会的表决权。

(3)航权

"航权"按国际惯例被称为"空中自由"。"Traffic rights" 航权的概念起源于1944年的芝加哥会议，亦称之为"空中自由"权(Freedoms of the Air)，其法律根据是1944年的《国际航班过境协定》(通称《两大自由协定》)和《国际航空运输协定》(通称《五大自由协定》)的规定。

①第一航权：领空飞越权。在不着陆的情况下，本国航机可以在协议国领空上飞过，前往其他国家目的地。例如：北京—旧金山，中途飞越日本领空，那就要和日本签订领空飞越权，获取第一航权，否则只能绕道飞行，增加燃料消耗和飞行时间。

②第二航权：技术经停权。本国航机可以因技术需要(如添加燃料、飞机故障或气象原因备降)在协议国降落、经停，但不得作任何业务性工作如上下客、货、邮。例如：北京—纽约，如果由于某飞机机型的原因，不能直接飞抵，中间需要在日本降落并加油，但不允许在该机场上下旅客和货物。此时就要和日本签订技术经停权。

③第三航权：目的地下客权。本国航机可以在协议国境内卸下乘客、邮件或货物。例如：北京—东京，如获得第三航权，中国民航飞机承运的旅客、货物可在东京进港，但只能空机返回。

④第四航权：目的地上客权。本国航机可以在协议国境内载运乘客、邮件或货物返回。例如：北京—东京，如获得第四航权，中国民航飞机能载运旅客、邮件或货物搭乘原机返回北京。

⑤第五航权：中间点权或延远权。某国或地区的航空公司在其登记国或地区以外的两国或地区间载运客货，但其班机的起点与终点必须为其登记国或地区。也就是说，第五航权是要和两个或两个以上的国家进行谈判的。以新加坡航空公司的货机为例，它执飞新加坡经我国厦门、南京到美国芝加哥的航线，并在厦门、南京拥有装卸国际货物的权利。解释如下：

a. 承运人本国(第一国始发地)—中途经停第三国—目的地国(第二国)。承运人从本国运输客货到另一国家时中途经过第三国(也就是始发地国家和目的地国家以外的其他国家)，并被允许将途经第三国家的客货卸到目的地国。这种权利是第五航权的一种。比如中国和新加坡的双边协定允许中国承运人在东南亚选择一点作为中途经停点，并可以将当地的客货运到新加坡。这样对中国承运人的新—马—泰旅游运输就非常有利，一个航班上既可以有中国—新加坡的旅客，也可以有泰国—新加坡的旅客，同时因为中国—泰国本来有第三、四航权，所以同时还有中国—泰国的旅客。旅行社在组织新马泰游的时候就可以选择同一家公司承担所有的航程，非常有竞争力，并且方便旅客。如果没有第五航权新—马—泰游至少要找两家公司承运。但是要注意，能否顺利地行使第五航权，还要有中途经停国家政府的同意。

b. 承运人本国(第一国始发地)—目的地国(第二国)—以远点第三国。第五航权的第二种是以远点国家的运输，承运人将自己国家始发的客货运到目的地国家，同时又被允许从目的地国家上客货，并被允许运到另一国家。还是举新—马—泰的例子，中国和泰国的双边协定同意中国承运人将泰国的客货运往东南亚的另一个国家，并同意将东南亚另一个国家的客货运到泰国。这样,中国承运人选择了新加坡,就组成了中国—泰国—新加坡航线。可以看出只有在同时具有这两种第五航权时,承运人就可以完整地使用这些权利了,否则,即便获得了其中之一,也很难进行操作。

第五航权是针对两个国家的双边协定而言的,在两国的协定中允许对方行使有关第三国运输的权利。但是在没有第三国同意的情况下,这个权力等于没有。因此航空公司在用这个权力的时候,必然同时要考虑中国与这个"第三国"有没有相应的权利。第五航权之所以复杂,就是因为,它涉及多个双边协定,并且在不同的协定中意味着不同种类的航权。

⑥第六航权:桥梁权。某国或地区的航空公司在境外两国或地区间载运客货且中途经停其登记国或地区(此为第三及第四自由的结合)的权利。例如:伦敦—北京—首尔,中国航空公司将源自英国的旅客运经北京后再运到韩国。新加坡航空公司承运英国—澳大利亚之间的客人,这些客人并不是要到新加坡去,但是新加坡航空公司通过其在樟宜机场的中枢,将欧洲的客人拉过来,再运到澳洲。同样,在中美航线上,日本、韩国的航空公司第六航权运用的很好,抢占了中美承运人大量的市场。他们把美国的客源先运到日本、韩国,再作中转,然后运到中国。

⑦第七航权:完全第三国运输权。本国航机可以在境外接载乘客和货物,而不用返回本国。即本国航机在甲、乙两国间接载乘客和运载货物。例如:伦敦—巴黎,由德国汉莎航空公司承运。

⑧第八航权:(连续的)国内运输权。某国或地区的航空公司在他国或地区领域内两地间载运客货的权利(境内经营权)。第八航权只能是从自己国家的一条航线在别国的延长。

⑨第九航权:(非连续的)国内运输权。本国航机可以到协议国作国内航线运营。第九航权,可以是完全在另外一个国家开设的航线。

九种航权如图4-1所示。

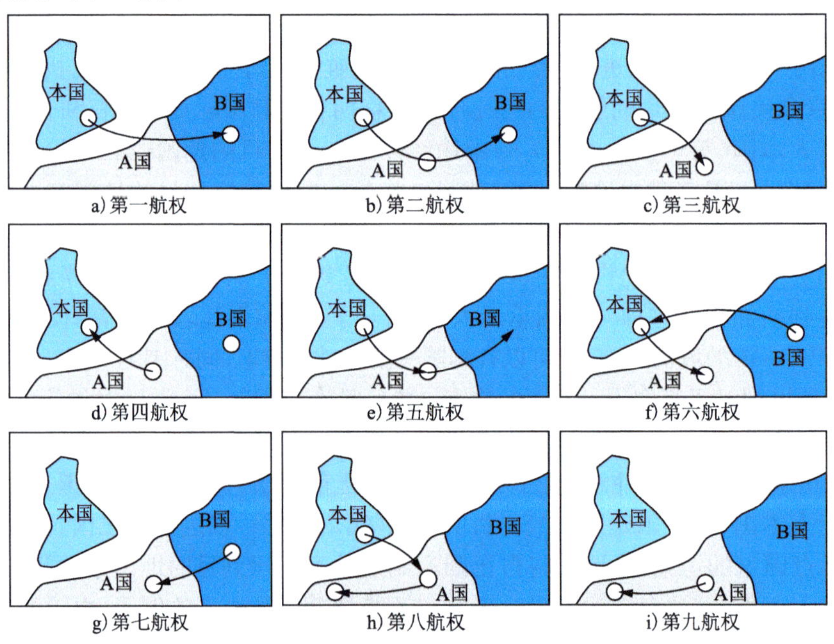

图4-1　九种航权示意图

二、IATA

国际航空运输协会(International Air Transport Association,简称IATA)是一个由世界各国航空公司所组成的大型国际组织,其前身是1919年在海牙成立并在二战时解体的国际航空业务协会,总部设在加拿大的蒙特利尔,执行机构设在日内瓦。和监管航空安全和航行规则的国际民航组织相比,它更像是一个由承运人(航空公司)组成的国际协调组织,管理在民航运输中出现的诸如票价、危险品运输等问题。

1. 性质

国际航空运输协会从组织形式上是一个航空企业的行业联盟,属非官方性质组织,但是由于世界上的大多数国家的航空公司是国家所有,即使非国有的航空公司也受到所属国政府的强力参与或控制,因此航空运输协会实际上是一个半官方组织。它制定运价的活动,也必须在各国政府授权下进行,它的清算所对全世界联运票价的结算是一项有助于世界空运发展的公益事业,因而国际航空运输协会发挥着通过航空运输企业来协调和沟通政府间政策、解决实际运作困难的重要作用。

2. 宗旨

协会的宗旨是"为了世界人民的利益,促进安全、正常和经济的航空运输,扶植航空交通,并研究与此有关的问题","对于直接或间接从事国际航空运输工作的各空运企业提供合作的途径","与国际民航组织及其他国际组织协力合作"。

3. 发展简史

国际航空运输协会的前身是1919年在海牙成立并在二战时解体的国际航空业务协会。1944年12月,出席芝加哥国际民航会议的一些政府代表和顾问以及空运企业的代表聚会,商定成立一个委员会为新的组织起草章程。1945年4月16日在哈瓦那会议上修改并通过了草案章程后,国际航空运输协会成立。同年10月,新组织正式成立,定名为国际航空运输协会,总部设在加拿大的蒙特利尔。第一届年会在加拿大蒙特利尔召开。在全世界近100个国家设有办事处,280家会员航空公司遍及全世界180多个国家。凡国际民航组织成员国的任一经营定期航班的空运企业,经其政府许可都可成为该协会的会员。经营国际航班的航空运输企业为正式会员,只经营国内航班的航空运输企业为准会员。

4. 组织结构

截至2018年2月,国际航空运输协会共有280个会员:美洲地区50个;欧洲地区99个;中东、非洲地区60个;中国及北亚地区31个;亚洲及太平洋地区40个。年度大会是最高权力机构;执行委员会有27个执行委员,由年会选出的空运企业高级人员组成,任期三年,每年改选1/3,协会的年度主席是执委会的当然委员。常设委员会有运输业务、技术、财务和法律委员会;秘书处是办事机构。在新加坡、日内瓦、贝鲁特、布宜诺斯艾利斯、华盛顿设地区运输业务服务处;在曼谷、日内瓦、伦敦、内罗毕、里约热内卢和达喀尔设地区技术办事处;在日内瓦设清算所。

5. 机构组成

全体会议是国际航空运输协会的最高权力机构,每年举行一次会议,经执行委员会召集,也可随时召开特别会议。所有正式会员在决议中都拥有平等的一票表决权,如果不能参加，也可授权另一正式会员代表其出席会议并表决。全体会议的决定以多数票通过。在全体会议上，审议的问题只限于涉及国际航空运输协会本身的重大问题，如选举协会的主席和执行委员会委员、成立有关的委员会以及审议本组织的财政问题等。

执行委员会是全会的代表机构，对外全权代表国际航空运输协会。执委会成员必须是正式会员的代表，任期分别为一年、二年和三年。执委会的职责，包括管理协会的财产、设置分支机构、制定协会的政策等。执委会的理事长是协会的最高行政和执行官员，在执委会的监督和授权下行使职责并对执委会负责。在一般情况下，执委会应在年会即全体会议之前召开，其他会议时间由执委会规定。执委会下设秘书长、专门委员会和内部办事机构，维持协会的日常工作。目前执委会有30名成员。

国际航空运输协会分为运输、财务、法律和技术委员会。各委员会由专家、区域代表及其他人员组成并报执委会和大会批准。目前运输委员会有30名成员，财务委员会有25名成员，技术委员会有30名成员，法律委员会有30名成员。

国际航空运输协会总部设在加拿大蒙特利尔，但主要机构还设在日内瓦、伦敦和新加坡。国际航空运输协会还在安曼、雅典、曼谷、达卡、香港、雅加达、吉达、吉隆坡、迈阿密、内罗毕、纽约、波多黎各、里约热内卢、圣地亚哥、华沙和华盛顿设有地区办事处。

6. 基本职能

协会的基本职能包括：国际航空运输规则的统一，业务代理，空运企业间的财务结算，技术上合作，参与机场活动，协调国际航空客货运价，航空法律工作，帮助发展中国家航空公司培训高级和专门人员。

7. 主要活动

国际航空运输协会的活动分为三种：

①同业活动：代表会员进行会外活动，向具有权威的国际组织和国家当局申述意见，以维护会员的利益。

②协调活动：监督世界性的销售代表系统，建立经营标准和程序，协调国际航空运价。

③行业服务活动：承办出版物、财务金融、市场调研、会议、培训等服务项目。

通过上述活动，统一国际航空运输的规则和承运条件，办理业务代理及空运企业间的财务结算，协调运价和班期时刻，促进技术合作，参与机场活动，进行人员培训等。

8. 成员申请

国际航空运输协会的会员分为正式会员和准会员两类。国际航空运输协会会籍向获得符合国际民航组织成员国身份的政府所颁发执照的任何提供定期航班的经营性公司开放。国际航空运输协会正式会员向直接从事国际经营的航空公司开放，而国际航空运输协会准会员身份只向国内航空公司开放。国际航空运输协会现有两百多家会员航空公司。

申请加入国际航空运输协会的航空公司如果想成为正式会员，必须符合下列条件：批准其申请的政府是有资格成为国际民航组织成员的国家政府；在两个或两个以上国家间从事航空服务。其他航空公司可以申请成为准会员。国际航空运输协会的执委会负责审议航空公司的申请并有权决定接纳航空公司成为正式会员或准会员。

为制止会员拖欠会费，章程明文规定，如果一个会员在180天之内未缴纳会费、罚金或其他财政义务，也没有能够在此期限内做出履行此类义务的安排，那么该会员的权利将受到限制，不再拥有表决权，其代表也不可以成为国际航空运输协会任何机构的成员，但是其会员资格并未终止，仍然享有根据协会章程所应享有的其他权利和义务。

任何会员可以自行通知国际航空运输协会理事长退出该组织，并自通知发出之日起30天生效。如果会员违反了国际航空运输协会的有关章程或规定，或者在其航空公司所代表的国家被国际民航组织除名，或者会员宣告破产，执行委员会可以取消其会员资格。

9. 工作内容

根据1978年国际航空运输特别大会决定，国际航空运输协会的活动主要分为两大类：行业协会活动和运价协调活动。1988年又增加了行业服务。

（1）运价协调

国际航空运输协会通过召开运输会议确定运价，经有关国家批准后即可生效。第二次世界大战以后，确立了通过双边航空运输协定经营国际航空运输业务的框架。在此框架内，由哪一家航空公司经营哪一条航线以及运量的大小，由政府通过谈判确定，同时，在旅客票价和货物运费方面也采用一致的标准，而这个标准的运价规则是由国际航空运输协会制订的。如有争议，有关国家政府有最后决定的权利。

为便于工作，协会将全球划分为三个区域，即一区——包括所有北美和南美大陆及与之毗连的岛屿，格陵兰、百慕大、西印度群岛和加勒比海群岛、夏威夷群岛（包括中途岛和帕尔迈拉）；二区——包括欧洲全部（包括俄罗斯联邦在欧洲的部分）和与之毗连的岛屿、冰岛、亚速尔群岛、非洲全部和与之毗连的岛屿、阿森松岛和地处伊朗伊斯兰共和国西部并包括其在内的亚洲部分；三区——包括除二区已包括部分的亚洲全部和与之毗连的岛屿、东印度群岛的全部、澳大利亚、新西兰和与之毗连的岛屿，以及除一区所包括之外的所有的太平洋岛屿。

（2）运输服务

国际航空运输协会制定了一整套完整的标准和措施，以便在客票、货运单和其他有关凭证以及对旅客、行李和货物的管理方面建立统一和程序，这也就是所谓的“运输服务”，主要包括旅客、货运、机场服务三个方面，也包括多边联运协议。

（3）代理人事务

国际航空运输协会在1952年就制定了代理标准协议，为航空公司与代理人之间的关系设置了模式。协会举行一系列培训代理人的课程，为航空销售业造就合格人员。协会近年来随自动化技术的应用发展制定了适用客、货销售的航空公司与代理人结算的“开账与结算系统”和“货运账目结算系统”。

（4）法律

国际航空运输协会的法律工作主要表现：为世界航空的平稳运作而设立出文件和程序的标准；为会员提供民用航空法律方面的咨询和诉讼服务；在国际航空立法中，表达航空运输承运人的观点。

（5）技术

国际航空运输协会对《芝加哥公约》附件的制定起到了重要的作用，目前在技术领域仍然进行着大量的工作，主要包括：航空电子和电信、工程环境、机场、航行、医学、简化手续以及航空保安等。

10. 会员关系管理

国际航空运输协会的七个地区办事处为：北美地区办事处（美国华盛顿），南美地区办事处（智利圣地亚哥），欧洲地区办事处（比利时布鲁塞尔），非洲地区办事处（瑞士日内瓦），中东地区办事处（约旦安曼），亚太地区办事处（新加坡），北亚地区办事处（中国北京）。

作为全世界七个地区办事处之一，北亚地区会员关系管理事务办事处成立于1996年，办公地点设在北京。其主要职责是在本地区介绍国际航协为促进世界航空运输发展而制定的各项政策和发展战略；加强国际航协业务活动的开展；促进国际航协产品和服务的推广；了解、分析本地区航空运输政策的发展动向；保障国际航协项目在本地区的顺利进行；协助国际航协中国办事处各部门的工作。

具体工作包括：执行并推广国际航协在全世界的政策，推广国际航协的产品与服务；推动国际航协在本地区的活动；发展国际航协在本地区的新会员，包括国际航协行业伙伴计划会员；协调航空公司联运和收益管理服务项目在中国的开展；协调国际航协运价事务在本地区的活动；协助国际航协基础设施经济战略项目在中国的活动；协调国际航协用户收费和航空煤油收费工作组在中国的业务工作；推动国际航空培训基金在中国的发展，并为该基金奖学金在中国的使用提出建议；与所在地区民用航空当局和其他政府机构保持密切和定期联络；协调国际航协与中国会员公司的联系；推动国际航协中国会员公司之间的合作；协助国际航协的会务工作和出版物的订购；协助办理国际航协航空公司两字代码和三字结算码的工作；协助国际航协其他部门在本地区业务的开展。

知识延伸

2011年，国际航空运输协会（IATA）发表报告称，自2004年推出“简化商务”计划，已为整个行业节省了550亿美元，提高了基础设施供应商的成本效率。通过缩短航线减少燃耗，并在行业内分享燃油管理的最佳方法。2004年11月，国际航空运输协会在其新加坡年会上确立了“简化商务”（Simplifying the Business，StB）计划。主要包括电子客票（ET）、通用自助值机（CUSS）、二维条码登机牌（BCBP）、电子货运及RFAD五项内容，全部工作计划在2010年全部完成。截至2011年，国际航协的“简化商务”计划推出近7年来，整个航空业节省了550亿美元，否则航空业将亏损高达1050亿美元。2010年4月，国际航协宣布与中国航空业在飞行安全、简化商务、基础设施和商业自由四大领域进行深入合作，以期进一步助力和服务中国航空业的发展。

三、ACI

国际机场理事会（Airport Council International，ACI），原名为国际机场联合协会，于1991年成立，1993年1月改称国际机场理事会。ACI目前由五个地区分会组成：非洲地区分会、亚太地区分会、欧洲地区分会、拉丁美洲/加勒比海地区分会、北美地区分会，总部设在日内瓦，地区总部分别设在卡萨布兰卡、香港、布鲁塞尔、巴拿马、华盛顿。

ACI有五个常设委员会：经济、环境、便利及服务、航空安全、安全/技术。有四个小组委员会：机场信息技术、CAEP、货物、运行安全。

ACI在全世界有573个成员，在178个国家和地区运营着多达1643家机场。2005年全年，ACI的成员运送了42亿人次旅客，运输了8180万t货物，起降了7160架航班。

机场是国际空中运输的支柱。为了充分保证自己的利益和影响力，全球机场行业需要一个强大的声音，这个声音正是国际机场协会（ACI）。ACI旨在提高全球机场的收益，促进机场管理和运行在专业方面日臻完美。为了支持机场行业在全球经济和社会活动中的重要角色，ACI寻求使机场行业在维持、发展和繁荣现有的安全、环保、高效的全球空中交通系统方面起到最大的作用。

由于航空运输系统内的各个组成部分是相互依存的，因此ACI的一个主要目标就是要实现与航空业内各组成部分、相关人士及政府的高度合作。

机场要想稳定、有效且有利润地运行，需要一个平衡、合适的经济法律环境。为了确保机场权益能够被充分考虑，ACI代表机场行业的利益，努力去影响国际和国内的法律、规章、政策和标准。

机场连通着世界，它对于地区社会经济发展非常重要。ACI使机场发展的重要性得以交流，从而加强对于机场给地区、社会团体和个人带来的无可争辩的利益的公众认识。

每个机场都是不同的。然而机场及其雇员却有很多东西能跟别的同行进行分享和学习。通过ACI的出版物、会议、委员会、培训、学习项目以及多个ACI的网站，可以便捷地交流机场的最佳实践方法，从而促进了彼此的沟通。

ACI建立了一个全球范围内的机场组织，它的成员不仅包括世界上每一个民用机场，而且涵盖了大量的附属行业。ACI为这些成员提供行业知识，促进专业发展和机场运营管理的完善，从而加速其自身的发展。

第二节 中国航空运输相关组织

一、CATA

中国航空运输协会（China Air Transport Association，CATA），简称CATA，于2005年9月26日成立，是依据我国有关法律规定，以民用航空公司为主体，由企、事业法人和社团法人自愿参加结成的、行业性的、不以营利为目的的、经中华人民共和国民政部核准登记注册的全国性社团法人。

1. 主要职责

中国航空运输协会的目标任务：围绕国家改革发展大局，围绕企业经营的热点、难点，围绕维护会员单位合法权益，积极推进各项工作，坚定地走自立、自主、自律、自我发展的道路，以服务为本，把协会建设成中国航空运输企业之家、会员之家，以创新为源，把协会办成高效率、有信誉、具有国际影响的先进社团组织。

2. 建设宗旨

中国航空运输协会的工作方针：以党和国家的民航政策为指导，以服务为主线，以会员单位为工作重点，积极、主动、扎实、有效地为会员单位服务，促进提高经济效益，努力创造公平竞争、互利互惠、共同发展的健康和谐的航空运输环境。

3. 业务范围

（1）宣传、贯彻党和国家关于民航业的路线方针政策、法律法规、标准制度及有关文件精神。

（2）研究国际国内民航市场发展形势、经济形势和世界动向，探讨航空运输企业建设、改革和发展中的理论与实践问题，在改革开放、发展战略、产业政策、科技进步、市场开拓、技术标准、行业立法等方面，为政府提供信息，并及时向政府有关部门反映会员单位的意见和建议。通过政策性建议，争取政府有关部门的指导和支持，为航空运输企业提供管理咨询等。

（3）根据中国民用航空局的授权、政府部门的委托及会员单位的要求，组织对有关专业人员进行培训和资质、资格认证。

（4）传播国际国内航空运输企业先进文化，组织举办航展、会展。

（5）编辑出版协会刊物，为会员单位及航空理论专家、学者、业内人士提供知识、经验、学术交流平台。

（6）组织国内外培训考察活动，开展会员单位间的业务交流与合作，促进航空运输企业核心竞争力的提高和持续发展。

（7）协调会员单位之间各方面的关系，建立起公平竞争、相互发展的经济关系。

（8）为了祖国的统一，早日实现与台湾直航，积极协助政府主管部门，加强海峡两岸民航界的联系。

（9）督导做好航空销售代理人的自律工作，监督并约束会员单位业务代理的行为规范，反对不正当竞争，维护航空运输企业的合法权益。

（10）在飞机引进、市场准入、基地设置等资源配置方面，为业务主管单位和航空运输企业提供评估报告，作为其决策依据之一。

中国民用航空局委托承办的其他业务。

4. 组织机构

中国航空运输协会设理事长、副理事长、秘书长等领导职务。秘书处下设综合人事部、财务部、研究部、市场部、培训部、交流部六个部门。分支机构有航空安全工作委员会、通用航空分会、航空运输销售代理分会、航空油料分会、飞行乘务员委员会、航空食品分会、法律委员会、收入会计工作委员会、海峡两岸航空运输交流委员会和航空货运发展专项基金管理委员会。在华北、华东、中南、西南、西北、东北和新疆分别设有代表处。

5. 发起单位

中国航空运输协会由中国航空集团公司、中国东方航空集团公司、中国南方航空集团公司、海南航空股份有限公司、上海航空股份有限公司、中国民航大学、厦门航空有限公司、深圳航空有限责任公司、四川航空股份有限公司等单位发起。

二、CCAA

中国民用机场协会是经中国民用航空局、民政部批准的中国民用机场行业唯一的合法代表。

1. 建设宗旨

协会按照“共同参与、共同分享、共同成就”的指导思想，以维护会员合法权益为宗旨，采用多种形式服务会员，诸如举办各类国内外交流会议，收集和评估机场发展信息，组织课题调研和提出政策建言，并受政府委托，起草行业标准，推动新技术运用等。

2. 团体会员

协会总部设在北京，目前有96个会员机场，会员机场旅客吞吐量、货运量和航班起降架达到全国总量的99%以上。

三、CAAC

中国民用航空局（简称中国民航局或民航局，英文缩写CAAC）是中华人民共和国国务院主管民用航空事业的由部委管理的国家局，归交通运输部管理。其前身为中国民用航空总局，在1987年以前曾承担中国民航的运营职能；2008年3月，由国务院直属机构改制为部委管理的国家局，同时更名为中国民用航空局。

1. 历史沿革

中国民用航空局发展主要历经四个阶段：

（1）第一阶段（1949—1978年）

1949年11月2日，中共中央政治局会议决定，在人民革命军事委员会下设民用航空局，受空军指导。11月9日，中国航空公司、中央航空公司总经理刘敬宜、陈卓林率两公司在香港员工光荣起义，并率领12架飞机回到北京、天津，为新中国民航建设提供了一定的物质和技术力量。1950年，新中国民航初创时，仅有30多架小型飞机，年旅客运输量仅1万人，运输总周转量仅157万吨公里。

1958年2月27日，国务院通知：中国民用航空局划归交通部领导。1958年3月19日，国务院通知：全国人民代表大会常务委员会第95次会议批准国务院将中国民用航空局改为交通部的部属局。

1960年11月17日，经国务院编制委员会讨论原则通过，决定中国民用航空局改称“交通部民用航空总局”，为部属一级管理全国民用航空事业的综合性总局，负责经营管理运输航空和专业航空，直接领导地区民用航空管理局的工作。

1962年4月13日，第二届全国人民代表大会常务委员会第五十三次会议决定民航局名称改为“中国民用航空总局”。

1962年4月15日，中央决定将民用航空总局由交通部属改为国务院直属局，其业务工作、党政工作、干部人事工作等均直归空军负责管理。这一时期，由于领导体制几经改变，航空运输发展受政治、经济影响较大，1978年，航空旅客运输量仅为231万人，运输总周转量3亿吨公里。

（2）第二阶段（1978—1987年）

1978年10月9日，邓小平同志指示民航要用经济观点管理。1980年2月14日，邓小平同志指出："民航一定要企业化"。同年3月5日，中国政府决定民航脱离军队建制，把中国民航局从隶属于空军改为国务院直属机构，实行企业化管理。这期间中国民航局是政企合一，既是主管民航事务的政府部门，又是以"中国民航（CAAC）"名义直接经营航空运输、通用航空业务的全国性企业。下设北京、上海、广州、成都、兰州（后迁至西安）、沈阳六个地区管理局。1980年全民航只有140架运输飞机，且多数是20世纪50年代或40年代生产制造的苏式伊尔14、里二型飞机，载客量仅20多人或40人，载客量100人以上的中大型飞机只有17架；机场只有79个。1980年，中国民航全年旅客运输量仅343万人；全年运输总周转量4.29亿吨公里，居新加坡、印度、菲律宾、印尼等国之后，列世界民航第35位。

（3）第三阶段（1987—2002年）

1987年，中国政府决定对民航业进行以航空公司与机场分设为特征的体制改革。主要内容是将原民航北京、上海、广州、西安、成都、沈阳六个地区管理局的航空运输和通用航空相关业务、资产和人员分离出来，组建了六个国家骨干航空公司，实行自主经营、自负盈亏、平等竞争。这六个国家骨干航空公司是：中国国际航空公司、中国东方航空公司、中国南方航空公司、中国西南航空公司、中国西北航空公司、中国北方航空公司。此外，以经营通用航空业务为主并兼营航空运输业务的中国通用航空公司也于1989年7月成立。

在组建骨干航空公司的同时，在原民航北京管理局、上海管理局、广州管理局、成都管理局、西安管理局和沈阳管理局所在地的机场部分基础上，组建了民航华北、华东、中南、西南、西北和东北六个地区管理局以及北京首都机场、上海虹桥机场、广州白云机场、成都双流机场、西安西关机场（现已迁至咸阳，改为西安咸阳机场）和沈阳桃仙机场。六个地区管理局既是管理地区民航事务的政府部门，又是企业，领导管理各民航省（区、市）局和机场。

航空运输服务保障系统也按专业化分工的要求进行了相应改革。1990年，在原民航各级供油部门的基础上组建了专门从事航空油料供应保障业务的中国航空油料总公司，该公司通过设在各机场的分支机构为航空公司提供油料供应。属于这类性质的单位还有从事航空器材（飞机、发动机等）进出口业务的中国航空器材公司；从事全国计算机订票销售系统管理与开发的计算机信息中心；为各航空公司提供航空运输国际结算服务的航空结算中心；飞机维修公司、航空食品公司等。

1993年4月19日，中国民用航空局改称中国民用航空总局，属国务院直属机构。同年12月20日，中国民用航空总局的机构规格由副部级调整为正部级。

20多年中，中国民航运输总周转量、旅客运输量和货物运输量年均增长分别达18%、16%和16%，高出世界平均水平两倍多。2002年，民航行业完成运输总周转量165亿吨公里、旅客运输量8594万人、货邮运输量202万吨，国际排位进一步上升，成为令人瞩目的民航大国。

（4）第四阶段（2002年— ）

2002年3月，中国政府决定对中国民航业再次进行重组。主要内容有：

（1）航空公司与服务保障企业的联合重组。民航总局直属航空公司及服务保障企业合并后于2002年10月11日正式挂牌成立，组成为六大集团公司，分别是：中国航空集团公司、东方航空集团公司、南方航空集团公司、中国民航信息集团公司、中国航空油料集团公司、中国航空器材进出口集团公司。成立后的集团公司与民航总局脱钩，交由中央管理。

(2)民航政府监管机构改革。民航总局下属7个地区管理局(华北地区管理局、东北地区管理局、华东地区管理局、中南地区管理局、西南地区管理局、西北地区管理局、新疆管理局)和26个省级安全监督管理办公室(天津、河北、山西、内蒙古、大连、吉林、黑龙江、江苏、浙江、安徽、福建、江西、山东、青岛、河南、湖北、湖南、海南、广西、深圳、重庆、贵州、云南、甘肃、青海、宁夏)，对民航事务实施监管。

(3)机场实行属地管理，按照政企分开、属地管理的原则，对90个机场进行了属地化管理改革，民航总局直接管理的机场下放所在省(区、市)管理，相关资产、负债和人员一并划转；民航总局与地方政府联合管理的民用机场和军民合用机场，属民航总局管理的资产、负债及相关人员一并划转所在省(区、市)管理。首都机场、西藏自治区区内的民用机场继续由民航总局管理。2004年7月8日，随着甘肃机场移交地方，机场属地化管理改革全面完成，也标志着民航体制改革全面完成。

2004年10月2日，在国际民航组织第35届大会上，中国以高票首次当选该组织一类理事国。

2009年，33个安全监督管理办公室升格为安全监督管理局。

2. 职责

(1)提出民航行业发展战略和中长期规划、与综合运输体系相关的专项规划建议，按规定拟订民航有关规划和年度计划并组织实施和监督检查。起草相关法律法规草案、规章草案、政策和标准，推进民航行业体制改革工作。

(2)承担民航飞行安全和地面安全监管责任。负责民用航空器运营人、航空人员训练机构、民用航空产品及维修单位的审定和监督检查，负责危险品航空运输监管、民用航空器国籍登记和运行评审工作，负责机场飞行程序和运行最低标准监督管理工作，承担民航航空人员资格和民用航空卫生监督管理工作。

(3)负责民航空中交通管理工作。编制民航空域规划，负责民航航路的建设和管理，负责民航通信导航监视、航行情报、航空气象的监督管理。

(4)承担民航空防安全监管责任。负责民航安全保卫的监督管理，承担处置劫机、炸机及其他非法干扰民航事件相关工作，负责民航安全检查、机场公安及消防救援的监督管理。

(5)拟订民用航空器事故及事故征候标准，按规定调查处理民用航空器事故。组织协调民航突发事件应急处置，组织协调重大航空运输和通用航空任务，承担国防动员有关工作。

(6)负责民航机场建设和安全运行的监督管理。负责民用机场的场址、总体规划、工程设计审批和使用许可管理工作，承担民用机场的环境保护、土地使用、净空保护有关管理工作，负责民航专业工程质量的监督管理。

(7)承担航空运输和通用航空市场监管责任。监督检查民航运输服务标准及质量，维护航空消费者权益，负责航空运输和通用航空活动有关许可管理工作。

(8)拟订民航行业价格、收费政策并监督实施，提出民航行业财税等政策建议。按规定权限负责民航建设项目的投资和管理，审核(审批)购租民用航空器的申请。监测民航行业经济效益和运行情况，负责民航行业统计工作。

(9)组织民航重大科技项目开发与应用，推进信息化建设。指导民航行业人力资源开发、科技、教育培训和节能减排工作。

(10)负责民航国际合作与外事工作，维护国家航空权益，开展与港澳台的交流与合作。

(11)管理民航地区行政机构、直属公安机构和空中警察队伍。

(12)承办国务院及交通运输部交办的其他事项。

简答题

1. 航权的含义是什么？
2. ICAO的工作内容是什么？
3. IATA的工作内容是什么？

第五章

航空运输布局

- 第一节　航空运输布局的要素
- 第二节　影响航空运输布局的因素
- 第三节　航空运输布局现状及特点

本章结构

- 掌握航空运输布局的要素。
- 掌握影响航空运输布局的因素。
- 掌握世界航空运输布局的现状与特点。

航空运输布局是航空运输地理的主要研究内容之一，本章在掌握影响航空运输布局因素的基础上，深入理解不同区域下航空运输布局的现状和特点。

第一节 航空运输布局的要素

一、航空运输布局的要素

对于航空运输生产布局而言，航线、机场以及航空公司的运力分布是航空运输布局的三大要素。在这三大要素中，航空公司的运力配置取决于基地机场和运营航线的状况。因此，航空运输布局是否合理，关键在于航空网络的结构形式以及机场布局。

二、航线

1. 航线的含义

航线是指经过批准开辟的连接两个或几个地点的航空交通线。航线不仅确定了飞机飞行的具体方向、起讫和经停地点，还根据空中交通管制的需要，规定了航线的宽度和高度，以维护空中交通秩序，保证飞行安全。航线应具备三个条件：

(1)有定期飞行。

(2)有足以保证运输飞行和降落所需的机场及地面设备。

(3)需经过批准。

2. 航线的分类

(1)根据航线起讫地点的归属不同，航线可分为：国际航线、地区航线、国内航线。

①国际航线：指飞行的路线连接两个国家或两个以上国家的航线。在国际航线上进行的运输是国际运输，一个航班如果它的始发站、经停站、终点站有一点在外国领土上都叫作国际运输。

例如：北京(BJS)—纽约(NYC)。

天津(TSN)—首尔(SEL)。

②国内航线：指在一个国家内部的航线，又可以分为干线和支线。

例如：北京(BJS)—上海(SHA)。

天津(TSN)—厦门(XMN)。

(2)根据航线是否有经停点，航线可以分为：直达航线、经停航线。

①直达航线：由城市A直接飞到城市B，中间没有经停的航线。

例如：北京(BJS)—武汉(WUH)。

②经停航线。

例如：天津(TSN)—杭州(HGH)—厦门(XMN)。

3. 航线的结构形式

航空运输布局能否达到资源的优化配置，其中航线网络采取何种结构形式是一个非常关键的因素。航线网络结构可采用城市对式、城市串式和中枢辐射式三种类型。

(1)城市对式

①含义：城市对式航线结构是指各组成航线都是从各城市自身的需求出发，建立的城市与城市两点间的航线。直达航线是传统的航线形式，它是在起讫点城市之间空运市场需求的客观基础上自然形成的，即有需求就开通的航线。虽然直达航线也在空间上互相衔接形成网络结构，但城市对式航线结构并没有从网络总体的层次上对网络内航线资源进行系统的有机配置。

②优点：城市对式结构的基本特点是两地间都为直飞航线，旅客不必中转，旅客出行更为便捷，最能体现航空运输快捷的特点，最大限度地节约旅客的在途时间。所以，城市对式航线结构的主要优点体现在当不计成本时这是对旅客最理想的供应方式。

③缺点：但是正如前面所提到的，城市对式航线结构实际上并不存在网络内航线资源的有机配置。它实际上是由若干独立的直达航线组成的，并不能称之为严格意义上的网络。它的缺陷是很明显的。首先，城市对式航线结构完全是根据需求开辟航线，可以说只是简单的运送系统，吸引、开发需求的功能较弱。其次，直达航线的开辟完全按照起讫点的需求量，这就使得城市对式航线结构中客流量小、航班密度低的航线比例较大。航班密度低，地面等待时间相对于空中飞行时间太长，对于时间要求强的旅客，航空运输不能发挥快速的特点。航空运输不能体现快捷的特点，必然对旅客的吸引力降低，使旅客转向其他交通方式。航空的客流量随之下降，客流量的减少又会引起航班密度的降低，形成一种恶性循环。航空公司也由于客流量少，飞机载运率低，不能获得理想的效益。最后，城市对式航线结构使得航空公司出现大量重复性飞行，一方面造成航空公司间的恶性竞争，另一方面造成运力的严重浪费。

(2)城市串式

①含义：城市串式航线结构是指一条航线由若干航段组成的航线结构。城市串式是在城市对式的基础上发展而来的。

②优点：采用该种航线结构的航班通过在途中经停以获得补充的客货源，从而弥补起止航站之间的运量不足，提高飞机的利用率、载运率和客座率，节省运力投入。对于运量不是

很充足的国内及国际航线,可采用此种航线结构。同时,对于运力资源较为紧张的航空公司,也可通过此种航线结构缓解资源紧张状况。

③缺点:城市串式航线结构最突出的缺点是航班运营时间较长,同时由于经停点多,航班延误的概率会增大,进而会影响整个航程及运营网络中运力的调配。

(3)中枢辐射式(中心辐射式)

①含义。中枢辐射式航线结构(又称为轮辐式、轴辐式航线结构)是一个兼指航线资源配置的空间和时间两方面效果的综合概念。从空间上讲,中枢辐射式航线网络结构是指通过几个有选择的轴心机场(通常是大城市的机场),在它们之间建立干线,满足大城市之间客货需求;同时以支线形式由轴心辐射至附近各小城市,以汇集和疏散客货。在这种有机的航线网络中,一方面把四面八方的客货源汇集到一个枢纽航站中转后集中运往其他枢纽航站,另一方面又把来自其他枢纽航站的客货经本枢纽航站中转后分散运往四面八方。从时间方面讲,在中心辐射式航线结构中,航班时刻的衔接是不能忽略的,离开航班之间的中转和衔接,中心辐射式航线结构也就无从谈起。

中枢辐射式结构由城市对航线和枢纽机场的辐射航线共同构成。通常要确定全国或区域范围内的中枢机场,它是区域内的航空客货集散地,与区外的其他中枢机场之间有便利的空运联系。中枢机场之间采用城市对式航线直飞,再以每个中枢机场为中转站建立其辐射航线。客流量较小的城市之间不采用对飞形式,而是分别把客货运送到中枢机场,通过中枢机场进行航班衔接、客货中转,实现相互之间的空中联结。

②优点。相对于城市对式或城市串式航线网络结构来说,中枢航线结构具有多方面的作用或优点。

a. 能更好地适应市场需求。多数国家的空运需求集中分布于少数大型中枢机场,而大多数中小型机场的空运需求量较少,这是空运市场的显著特点。中枢航线结构中的中枢机场正是考虑到这一特点而建立的。中枢机场之间的干线飞行一般采用大中型飞机,且可安排较高的航班密度,基本上能够满足空运主要市场的需求。辐射式支线的飞行,一般采用中小型飞机,一方面满足了运量不大的市场需求,另一方面可适当增大航班密度,显示航空方便快捷的优势。

b. 能刺激需求,促进航空运输量的增长。在中枢航线结构中,干线与辐射式支线连通后,使所有网络内的航站之间均可通航,这就增加了通航点,使大中小城市之间的空中联络更为畅通,这无疑能为旅客提供更大的便利,并促使一些潜在的空运需求转化为现实的需求。进一步,由于在此种结构中,干线与支线功能明了并有机地连接在一起,大小机群与航线匹配,能使航空公司的运营效率提高、运营成本降低,从而可降低票价,进一步刺激市场需求。

c. 有利于航空公司提高飞机的利用率、客座率和载运率。运量较少的机场之间采用对飞的形式,一方面使自身航线经营难以维持,另一方面又对中枢机场起到不必要的分流作用,降低了中枢机场之间的航班客座率和载运率。中枢航线结构的建立,可将原来小型机场对飞航线上的空运量转移到干线上来,从而提高了干线上的客座率和载运率。原来吞吐量较少的机场改用小型飞机运营,通过支线与中枢机场连接进而与干线连通。这样就避免了在运量较少的机场之间采用大中型飞机对飞而造成的运力过剩,同时,也提高了小型飞机的客座率和载运率。由于可以在不增加运力的情况下大量增加航线数量和航班频率,又可以提高飞机的利用率。

d. 有利于机场提高经营效益。中枢航线结构的建立，使得中枢机场能发挥规模经济效应，飞机起降架次和客货吞吐量的大幅度增加，将使航空业务收入和非航空性收入随之增加，单位运营成本降低；同时，中小机场也能通过起降架次和客货吞吐量的增加而改善财政状况，增强自我生存和发展的能力。总之，中枢航线结构的建立和成功运营，能提高航空公司和机场的经营效益，促进航空运输业的发展，并有效带动地区经济的发展和繁荣。

同时，辐射航线通过枢纽航站的中转把少数孤立的航段连接成数量倍增的航线，大大加强了航线资源配置的空间效果，带来范围经济。随着一个枢纽机场衔接城市的增加，衔接城市对的数量急剧增加，这可由数学模型加以描述。设n为中心辐射式航线网中的终止于枢纽机场的区间市场数，则衔接市场数为$n(n-1)/2$，城市对通航总数为$n(n+1)/2$，其中衔接市场数指通过在枢纽机场中转而间接通航的城市对数。例如，假设有3个点对点的航班，由通过一个航路枢纽连接的航班来代替。则通航的航线市场由3个跃升到21个。所以中心辐射式航线结构可以将航空公司的飞机、人员、航材等资源进行有效的再分配，使航空公司可以用同一航班向多个市场提供服务，使航空公司可用相同的资源拥有量服务于更广泛的市场范围，以降低飞机投入不可分割的固有内在特性对收益水平的负面影响，从而在很大程度上取得航线范围经济性。

中枢航线结构的始创者是美国的航空公司。美国的主要骨干航空公司从20世纪60年代末开始尝试中枢航线结构的建设和运营。1978年美国开始对航空运输业实施放松管制政策后，中枢航线结构得到大多数航空公司和机场当局的重视，逐步发展和完善起来。欧洲和亚洲的一些航空公司亦纷纷效仿。总的来看，近20年来，世界上大多数航空发达国家都先后进行了中枢航线结构的建设，逐步实现以城市对为主的航线网布局向中枢辐射式航线网布局转化。目前旅客运输量排名前20位的大型航空公司基本上实行了中枢航线网络的运营；旅客吞吐量排名前20位的机场无一例外都是中枢航空港。中枢航线结构的作用和优点被实践一一验证。特别在全球放松管制形成浪潮和航空联盟大行其道的今天，中枢航线结构越来越成为航空公司建立长期竞争优势的必要而有效的手段。有人将中枢航线结构与计算机订座系统、收益管理系统和常旅客奖励制度一起，称为现代航空公司经营管理的"四个基本条件"。

③缺点。当然，中枢辐射式航线结构也有其内在固有的缺陷。这主要表现在以下几方面：

a. 对旅客而言，中转飞行造成航程时间加长，由于需要到枢纽机场转机，无疑增加了旅客的额外负担，特别是行李必须随同中转，更觉麻烦。这些问题对于500km以内的短程市场破坏性很大。

b. 对航空公司而言，中枢辐射式航线结构对航空公司的经营管理水平提出了更高的要求。一方面，为使支线航班和干线航班在枢纽机场及时衔接，航空公司需要把一天中到离枢纽机场的航班集中到少数几个高峰时间内，形成"到离航班群"，而旅客为了自己旅行方便也有选择早晨、中午、傍晚到离机场的时间偏好。为了提高航班效益，航空公司的"到离航班群"应该迎合旅客选择航班的时间偏好，使两者尽量重合。这就对航空公司的航班计划安排提出了更高要求。另一方面，由于中枢辐射式航线结构对机队结构多样化的要求，也增加了航空公司维修和机务保障的难度。

c. 对机场而言，特别是轴心机场，"到离航班群"现象使其需要投资比平时大得多的停机坪和候机楼，造成这些设施在非高峰时间的浪费；再者，中转旅客在机场停留时间很短，客流只是从一个门到另一个门的过程，这就使轴心机场的辅助经营收益减少（如机场开设的商店、餐厅及宾馆的收入）；此外，轴心机场太依赖于航空公司对航线的安排，较少依靠它所在地区经济发展对航空旅行的需求，这使得机场越来越受到航空公司的影响，增加了机场财务的不稳定性。当一个机场被航空公司选定为轴心机场后，该机场的吞吐量会迅速增加；但当相反的情况发生时，则具有潜在的危险性。

三、机场

1. 机场的含义

民用机场是指专供民用航空器起飞、降落、滑行、停放以及进行其他相关活动所使用的划定区域，包括附属的建筑物、装置和设置。

机场主要由三部分组成，包括飞行区、航站区和延伸区。

（1）飞行区（空侧）是指供飞机起飞、降落、滑行、停靠等活动之用，包括跑道、滑行道、机坪及其他设施设备等。

跑道是机场最重要的设施。停机坪大多指的是飞机停放在航站楼旁的区域，方便乘客登机和运输行李，有时停机坪距离航站楼有一段路程，这时乘客需步行或搭乘登机用的巴士才能登机。塔台主要供交通管制员使用，塔台人员会利用无线电或其他通信方式给予飞行员指示，导引他们进行起飞或降落的动作。这种安全监督的模式能够加强飞行安全，加快班机处理速度。另外，跑道上会有若干个导航辅助工具帮助飞行员着陆，如目视进场下滑显示灯。一些机场都有配备甚高频全向信标，以帮助飞行员找到往机场的方向，甚高频全向信标系统都会搭配测距仪来确定飞机与甚高频全向信标间的距离。天气状况不佳时，即使飞行员看不到地面状况，他们仍可使用仪表着陆系统来查找正确的飞行跑道和进场方法。较大的机场有时也提供精确进场雷达（PAR），此系统利用雷达来追踪飞机的水平和垂直移动，由飞行员进行目视着陆。机场引导标志提供滑行的飞机跟地勤车辆在跑道区移动时所需的方向和信息，规模较小的机场可能只使用少量或未使用任何指标，而是依靠机场地图。许多机场都有跑道灯，在夜间、大雨或浓雾的情况下，引导飞机使用跑道和滑行道。跑道上，绿色灯光代表降落的起点，而红色灯光代表跑道的终点；跑道两侧边灯为白色，以一定的间距排列在跑道两侧，表明跑道边缘。一些机场有更复杂的跑道照明，包括跑道中线灯，沿着跑道中心线排列，以及进场辅助灯。低流量的机场会使用飞行员控制灯光，让飞行员在飞机上控制跑道的照明，可节省电力和人员成本。除了跑道之外，滑行道也会有指示灯，蓝灯代表滑行道的边缘，一些机场还会装设绿灯，代表滑行道的中线。

小知识

世界上最长的民用机场跑道是中国的昌都邦达机场，长度为5500m，其中的4200m满足4D标准，同时它也是海拔最高的跑道，其高度为4334m。而世界上最宽的跑道在俄罗斯的乌里扬诺夫斯克东方港机场，有105m宽。

(2)航站区是指客货运输服务区,即航站楼及货站等设施。

航站区是地面交通和空中交通的结合部,是机场对旅客及货物服务的中心地区。航站区主要包括登机机坪和候机楼及货站。

登机机坪是指旅客从候机楼上机时飞机停放的机坪,这个机坪要求能使旅客尽量减少步行上机的距离。按照旅客流量的不同,登机机坪的布局可以有多种形式,如单线式、指廊式、卫星厅式等。旅客登记可以采取从登机桥登机,也可采用车辆运送登机。

候机楼分为旅客服务区和管理服务区两大部分。旅客服务区包括值机柜台、安检、海关以及检疫通道、登机前的候机厅、迎送旅客活动大厅以及公共服务设施等。管理服务区则包括机场行政后勤管理部门、政府机构办公区域以及航空公司运营区域等。

货站是指为航空货物提供进港、出港、安全检查、理货、装箱打板、存放等功能的场所。

(3)延伸区是指由航空运输服务派生出来的区域,包括进出机场的地面交通系统以及派生需求衍生出的其他功能场所。

另外,机场也可分为"非禁区"和"禁区"(管制区)范围。非禁区范围包括停车场、公共交通车站、储油区和连外道路,而禁区范围包括所有飞机进入的地方,比如跑道、滑行道、停机坪和储油库。大多数的机场都会在非禁区到禁区的中间范围,做严格的控管。搭机乘客进入禁区范围时必须经过航站楼,在那里可以购买机票、接受安全检查、托运或领取行李,以及通过登机门登机。

知识延伸

最早的飞机起降落地点是草地,一般为圆形草坪,飞机可以在任何角度,顺着有利的风向来进行起降,周围会有一个风向仪以及机库(因为当时的飞机一般是由木及帆布制成,不能风吹、日晒、雨淋)。之后开始使用土质场地域,避免草坪增加的阻力,然而,土质场地并不适合潮湿的气候,否则会泥泞不堪。随着飞机重量的增加,起降要求亦跟着提高,混凝土跑道开始出现,任何天气、任何时间皆适用。世界上最古老的机场目前有争议,但成立于1909年、位于美国马里兰州的大学园区机场(College Park Airport)是世界上最老且持续经营的机场,虽然它只是个小型机场。另一个被称为世界上历史最悠久的机场是位于美国亚利桑那州的比斯比-道格拉斯国际机场(Bisbee-Douglas International Airport),此机场停放着美国史上第一架飞机。1908年,道格拉斯航空俱乐部成立,滑翔机俱乐部也随之成立。那时的滑翔机是由两匹马拉动,飞过道格拉斯青年会大楼后方。1909年,飞机开始装设马达和螺旋桨,亚利桑那州于是成为开行首架以动力飞行的飞机的区域。该机场为美国第一座国际机场的地位经由罗斯福总统的一封信证实,信里面总统宣布它为"美国的第一座国际机场"。1922年,第一个供民航业使用的永久机场和航站楼出现在德国柯尼斯堡,这个时代的机场开始使用水泥铺设的停机坪,允许夜间飞行和较重的飞机降落。20世纪20年代后期,出现第一个使用照明设施的机场,20世纪30年代机场下滑照明设备开始使用,因此飞机起降的方向和角度开始有了固定的规定。

2. 机场的分类

（1）按飞行区等级分类

技术标准采用飞行区等级指标Ⅰ（数字代号）和等级指标Ⅱ（字母代号）的方式。飞行区等级指标Ⅰ：根据机场飞行区使用的最大飞机的基准飞行场地长度，分为1、2、3、4四个等级。飞行区等级指标Ⅱ：根据机场飞行区使用的最大飞机的翼展和主起落架外轮外侧间的距离，从小到大分为A、B、C、D、E五个等级。

4F级飞行区配套设施必须保障空中客车A380飞机全重（560t）起降。

4E级机场，指在标准条件下，可用跑道长度≥1800m，可用最大飞机的翼展52～<60m和主起落架外轮外侧间距9～<14m。

4D级机场，指在标准条件下，可用跑道长度≥1800m，可用最大飞机的翼展36～<52m和主起落架外轮外侧间距9～<14m。

4C级机场，指在标准条件下，可用跑道长度≥1800m，可用最大飞机的翼展24～<36m和主起落架外轮外侧间距6～<9m。

3C级机场，指标准条件下，可用跑道长度1200～<1800m，可用最大飞机的翼展24～<36m和主起落架外轮外侧间距6～<9m。

（2）按服务对象划分

①军用机场：供军事飞行专用。

②民用机场：包括运输机场、通用航空机场、试飞机场、学校用机场。

③军民合用机场：既有军事飞行，又从事民用航空运输。

（3）按在民航运输网络系统中所起的作用划分

①枢纽机场：连接国际、国内，航线密集的大型机场，旅客在此可以很方便地中转到其他机场。枢纽机场能提供一种高效便捷、收费低廉的服务，从而让航空公司选择它作为自己的航线目的地，让旅客选择它作为中转其他航空港的中转港。枢纽机场既是国家经济发展的需求，也是航空港企业发展的需求。国内枢纽机场由民航局规划的由北京、上海、广州组成的三大门户复合枢纽机场和天津、昆明、成都、西安、重庆、乌鲁木齐、郑州、沈阳、武汉组成的九大区域性门户枢纽机场构成。

②干线机场：以国内航线为主，空运量较为集中的机场。这类机场主要指省会、自治区首府、重要工业、旅游、开放城市的机场，深圳、杭州、大连、厦门、南京、青岛、呼和浩特、长沙、南昌、哈尔滨、兰州、南宁是我国定位的十二个主要干线机场。

③支线机场是指符合下列条件的机场：设计目标年旅客吞吐量小于50万人次（含），主要起降短程飞机，规划的直达航班一般在800～1500km范围内。支线节点是航空运输网络中重要的节点，是航空运输需求相对较小的城市与外界交流的重要窗口。

（4）按航线性质划分

①国际航线机场：有国际航线进出，并设有海关、边防检查（移民检查）、卫生检疫和动植物检疫等政府联检机构。

②国内航线机场：专供国内航班使用的机场。

（5）按机场所在城市的性质、地位划分

①Ⅰ类机场：即全国经济、政治、文化大城市的机场，是全国航空运输网络和国际航线的

枢纽，运输业务繁忙，除承担直达客货运输外，还具有中转功能。北京、上海、广州三城市机场均属于此类机场，亦为枢纽机场。

②Ⅱ类机场：即省会、自治区首府、直辖市和重要的经济特区、开放城市和旅游城市，或经济发达、人口密集城市的机场，可以建立跨省、跨区域的国内航线，是区域或省区内民航运输的枢纽，有的可有少量国际航线，亦为干线机场。

③Ⅲ类机场，即国内经济比较发达的中小城市，或一般的对外开放和旅游城市的机场，除开辟区域和省内支线外，可与少量跨省区中心城市建立航线，也可称之为次干线机场，如青岛、温州、三亚等城市的机场。

④Ⅳ类机场，即省、自治区内经济比较发达的中小城市和旅游城市，或经济欠发达，但地面交通不便城市的机场。航线主要是在本省区内或连接临近省区。这类机场也可称为支线机场。

四、航空公司

1. 航空公司的含义

航空公司（Airlines）是指以各种航空飞行器为运输工具，以空中运输的方式运载人员或货物的企业。航空公司是以各种航空飞行器为运输工具，为乘客和货物提供民用航空服务的企业。航空公司使用的飞行器可以是他们自己拥有的，也可以是租来的，他们可以独立提供服务，也可以与其他航空公司合伙或者组成联盟。航空公司的规模可以从只有一架运输邮政或货物的飞机到拥有数百家飞机提供各类全球性服务的国际航空公司。航空公司的服务范围可以分为洲际的、洲内的、国内的，也可以分为航班服务和包机服务。

2. 航空公司的分类

航空公司可以按多种方式分类，具体如下：

（1）按公司规模分，如大型航空公司、小型航空公司。

（2）按飞行范围分，如国际航空公司、国内航空公司。

（3）按运输的种类分，如客运航空公司、货运航空公司。

第二节 影响航空运输布局的因素

影响产业布局的因素有很多，大体可归为5大类，一是自然因素；二是经济因素；三是社会因素；四是技术因素；五是地理位置因素。不同的产业对这些条件有不同的要求，而这些条件本身在地区分布上也有很大差异。因此，在规划产业布局的过程中，要根据不同的产业充分重视对地区条件的分析研究，否则，就有可能违反自然规律和社会经济规律的发展，从而造成较大的经济损失。航空运输的布局也会受到上述条件不同程度的影响和制约。

一、自然因素

自然因素包括自然资源和自然环境。自然资源是自然条件中被人类利用的部分，按其生成条件可分为不可再生资源和可再生资源，如石油、煤炭、天然气等。自然环境是影响人类生产、生活的自然条件的各个要素，包括地质、地貌、气候、水源、土壤、生物等相互联系、相互制约形成的自然综合体。自然因素对航空、铁路、水运等交通运输业布局的影响，主要是指自然环境对其的影响。由于航空运输本身的特性，使某些要素仅在一定范围内一定程度上对其产生影响。

1. 地面自然要素

一般来说，铁路、公路、管道等交通运输方式的交通线路都需要地面工程来完成，因而地貌、地质、水文条件的制约较为显著。而航空运输的线路受地面要素的影响不大，只是在航路设置、确定飞行高度和地面起降时要考虑地貌条件的制约。但是，航空运输与其他运输方式一样，都离不开固定的地面场站，机场、管制中心、地面雷达站等都对地面自然条件提出一定的要求。

地形地貌是修建机场和确定航路的重要条件。修建机场是一项大型的工程，必须考虑工程地质条件，应选择在地质、地貌较稳定的地区，在容易发生地震、断裂、崩塌、滑坡、泥石流的地区，不宜修建机场。机场附近需要一定的净空地带，周围不应有高大突出的植被或其他障碍物，还要求四周地形起伏小，视野开阔，因此机场特别是大型机场总是建在平原、盆地或宽阔的谷底。此外，充足的水源也是建设一个航空港的必要条件。

2. 气象气候条件

飞机在大气中飞行，飞行活动明显受到天气条件的影响和制约。天气条件是决定飞行安全、正点的重要因素。天气现象虽千变万化，但总有一定规律可循。各种危险天气的产生具有一定的地域性和季节性。例如：台风、飓风、热带风暴多产生于赤道地区以外的热带海域；雷暴总在温带地区的夏季和初秋频繁出现；冷流经过的海岸、冰雪区的上空和盆地、山谷常常出现大雾天气。长期稳定的天气现象是造成某一气候区的重要因素。在不同的气候区，危险天气出现的可能性不同。因此，航线应尽量避开危险天气的易发地区，选择最安全的飞行路线。在航站内，飞机的起降主要受地面风速、风向、低空风切变、地面与空中能见度、降水等因素的制约，气候条件的差异往往决定上述因素的好坏。特别是盛行风向、风速，对机场的选址及跑道的走向都有较大影响。飞机起降的理想条件是逆风起降，这就使跑道的走向必须与当地的盛行风向一致。若当地的盛行风向为多个方向，为了避免侧风的威胁，应采用双向、三向或多向跑道。由于飞机沿着盛行风向起降，当机场与城市的连线方向和盛行风向一致时，势必要穿越城市上空。为了尽量避免飞机噪声的影响，机场与城市之间要保持一定的距离，而且机场应选择在恰当的位置上，使飞机不穿过城市上空。同时，还要保证机场与城市之间有便利的交通。

总之，良好的自然环境为机场建设及航路设置提供必要的物质条件及适宜的活动空间，若忽视自然环境的影响，则会造成不必要的经济损失。因此，在新建机场、开辟航线时应充分考虑自然环境的影响和制约。

二、经济因素

经济因素是影响航空运输发展和布局的最重要的因素，它包括经济发展水平、经济开放度、产业结构、相关行业。

1. 经济发展水平

经济发展水平决定了整个社会的经济结构和物质流通量，决定了社会的收入和消费水准，相应地也就决定了空运需求。通常用工农业总产值、国民生产总值或社会总产值等指标衡量一个国家或地区的经济发展水平。各国和各地区的实证研究表明，经济增长，航空运输量也随之增长。经济发达国家或地区必定是空运需求旺盛、航空运输发达的国家和地区。从目前世界航空运输的生产布局来看，欧洲、北美、俄罗斯、日本等国家和地区的航空运输业要远远超过大多数发展中国家。我国长三角、珠三角等沿海经济发达地区，航空运输业也较为发达。国民经济的发展促进航空运输的发展，航空运输又反过来促进国民经济的发展，两者存在较大程度的相关关系。根据专家计算，我国从20世纪50—90年代，国民经济增长速度为8% ～ 9%，航空运输增长速度为20% ～ 25%，航空运输的发展速度为经济发展速度的2 ～ 2.5倍。从世界上看，自1950—1990年的40年间，世界经济增长速度约为5%，航空运输增长速度为12%，为经济发展速度的2.4倍。由此可见，航空运输的发展与经济发展水平有着紧密的联系，而世界经济发展水平的差异，必然造成当今航空运输布局的不平衡。2016年我国不同区域机场业务量比例见图4-1。从我国不同地区机场吞吐量来看，经济较发达的东部地区，无论是旅客吞吐量还是货邮吞吐量均占全国总量的绝大多数。

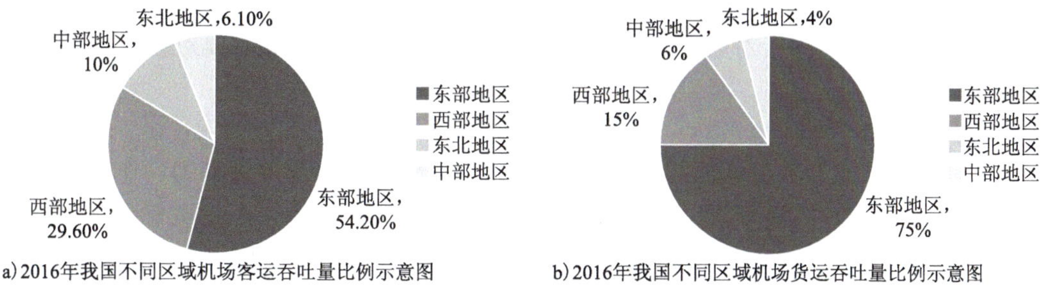

图5-1　2016年我国不同区域机场客货吞吐量比例示意图

2. 经济开放度

航空运输的快速、省时等特点，使之成为国际间长途运输的理想方式。因此，一国或地区的经济开放程度对航空运输布局具有较大影响。经济开放度高的国家或地区，其航空运输发展迅速；反之，经济封闭型国家或地区，其航空运输就较为落后。在全球经济一体化的今天，专业化分工日益精细，一件产品的生产，需要多个国家和地区跨国界的协作。专业化协作要求高频度的准时、精确的物流，而航空运输正是能满足这种要求的物流方式。中国致力于改革开放，加强对外经济联系，因而航空运输业发展迅速。尤其在经济开放度较高、对外贸易较发达的东部沿海地区，航空运输业较为发达。

3. 产业结构

产业结构从经济学上可以划分为第一、二、三产业。第一产业是广义农业;第二产业是建筑业、采矿业、加工制造业等;其他的为第三产业,包括金融业、房地产业、保险业、餐饮业、教育业等。一般来讲,经济越发达的国家和地区,第二产业和第三产业所占的比例越高,其航空运输需求越旺盛。以农业生产为主的国家和地区,其经济对外开放程度低,经济发展水平不高,因而航空运输需求较少。在工业生产中,资金密集型的电子、电器、精密仪器等高新技术产业往往聚集在大型国际枢纽机场周围,依托便利的航空运输条件,形成了"临空型"工业区,例如以首都机场为中心的空港经济区和以浦东机场为中心的空港经济区。我国目前正致力于产业结构的调整和升级,随着产业结构由低级向高级的演进,和产业结构高加工度和高附加值化,航空运输需求必然越来越旺盛。

4. 相关行业

任何行业都不可能脱离其他行业而孤立存在,与其他行业都有或多或少的经济联系。尤其是专业化分工高度发达的今天,行业之间的联系更是异常紧密,航空运输业也不例外。影响航空布局的行业如旅游业、对外贸易行业、劳务输出行业等,都对航空服务的依赖较大,因此又被称为"航空密集型"行业。这些行业的发展状况对航空运输业的发展至关重要;反之,发达的航空运输服务对这些行业的竞争能力和景气状况也影响巨大,方便而快捷的航空运输服务也将吸引这些航空密集型产业在机场附近安家,在形成完整的产业供应链条的同时,繁荣机场经济圈。

三、社会因素

社会因素对航空运输布局的影响主要表现在三个方面,一是人口因素对航空运输布局的影响;二是政治因素对航空运输布局的影响;三是社会发展的需要对航空运输布局的影响。

1. 人口因素

人口既可以成为航空运输的对象,也可以作为航空运输所需的劳动力。作为运输对象的人口,其数量、密度、素质、收入、分布及迁移等都对航空运输布局产生重要影响。在一定的社会经济条件下,某地区人口总数越大、密度越高、收入越高,则航空运输需求越旺盛,反之则小。对某一国家来说,人口数量大、密度高的地区,往往经济较为发达,个人的经济收入相对较高,且对内对外的经济联系紧密。因此,这些地区的航空运输就比较发达。而人口较少的地区则情况相反,航空运输业也相对落后。同时,了解世界人口迁移的动向、规模及现状对分析国际航空客运的现状及其发展有重要意义。另外人口分布对航空运输也有影响。人口稠密的地区,经济相对发达,物质交换频繁,对各种产品的消费量大,航空货物运输的需求就会增加。从目前空运货物的种类来看,大宗的服装、食品、活鲜主要运往人口稠密的消费区。

而作为航空运输所需劳动力的人口,其技术水平、文化素质会对航空运输的发展带来影响。航空运输是技术密集型的行业,要求从业人员具有较高的文化素质和专业技术水平。在文化教育、科技水平较高的地区发展航空运输,其劳动力的质量较高,有利于航空运输的发展。而在文化教育、科技水平较落后的地区发展航空运输业，就可能会受到从业人员素质低的影响。

2. 政治因素

政治属于上层建筑的范畴，在某些特定的情况下，政治因素可以对整个国家或地区的经济发展和生产布局产生重要影响。航空运输是进行政治、外交活动的有力工具，政治因素对航空运输的影响是不容忽视的。政治因素除了表现为国家一系列的法律法令，以及航空运输政策、方针等，还包括社会的政治形势和安定状况。

政治稳定、社会安定、经济发展、人民安居乐业，航空运输就发展；反之，空运市场就衰退，乃至企业倒闭。例如，海湾战争直接导致美国泛美航空公司的破产；苏联解体使苏联民航的大部分飞机停飞。2001年的“9•11”恐怖事件使美国航空公司陷入困境，整个美国航空业2001年损失高达7亿美元。

3. 社会发展的需要

航空运输与其他运输方式一起在社会经济的发展中一并发挥着作用，在进行产业的空间布局时，除了要充分考虑市场需求外，也要担负起促进社会经济全面发展的责任。权威机构测算，民航投入和产出比率是1∶8。从机场业来看，国际机场协会按照国际会(ACI)研究认为，机场每百万航空旅客吞吐量，可以产生经济效益总和1.3亿美元，相关就业岗位2500个。而根据国内研究分析，我国机场每百万航空旅客吞吐量，可以产生经济效益总和18.1亿元，相关就业岗位5300多个。建成一个机场就意味着带动一方经济，因此航空运输的发展过程中，要充分考虑经济较落后地区对航空运输的需求。

四、技术因素

科学技术是影响生产布局最积极、最活跃的因素。自然、经济等因素往往对生产布局起一定的制约作用，使生产的分布适应自然环境和经济发展的需要。而科学技术的发展，经常主动地影响生产布局，重要的科技成果往往使生产布局突破某些自然和经济条件的制约，使生产布局发生变化。科学技术对航空运输有深刻的影响。自20世纪初航空运输问世而来，随着科学技术的发展，飞机的性能、地面设备及线路状况不断得到改善，促使航空运输的活动能力不断增强，活动范围不断扩大。

五、地理位置

一个国家、一个地区或一个城市的航空运输发展水平与其所处的地理位置往往有一定的内在联系。以新加坡为例，从自然地理位置看，它处在东南亚的马来半岛南端，在亚洲与大洋洲、太平洋与印度洋之间的“十字路口”。从经济地理位置分析，它处于世界上海运繁忙的马六甲海峡的咽喉处，是东南亚最大的贸易中心和物质集散地。新加坡依仗其优越的地理位置，大力发展航空运输业，使这个仅有700多平方公里的弹丸之地变成亚洲的空运大国。夏威夷群岛上的火奴鲁鲁，位于太平洋中部，远离北美及欧亚大陆，独特的地理位置使之成为北太平洋航线上重要的中继站。世界上许多城市，如曼谷、德里、马尼拉、卡拉奇、开罗、安克雷奇、迪拜、北京、上海、广州、首尔等都是凭借有利的地理位置而发展成为重要航空枢纽的。

第三节 航空运输布局现状及特点

一、航线布局现状及特点

目前，全世界航线数量较多，其中运输量较为集中的主要国际航线有四类。

1. 北大西洋航线

北大西洋航线是连接欧洲与北美之间的最重要的国际航线。它分布于中纬地区的北大西洋上空，来往于欧洲的伦敦、巴黎、法兰克福、里斯本和北美的纽约、波士顿、蒙特利尔等主要国际机场之间，是世界上最繁忙的国际航线。北大西洋航线的开辟已有近一个世纪的历史，近百年来，它对于欧洲各国与北美之间的政治、经济、军事联系，甚至对于世界航空运输的发展，都起到十分重要的作用。

2. 北太平洋航线

北太平洋航线是世界上最长的越洋航线，从北美洲西海岸的温哥华、西雅图、旧金山、洛杉矶等地飞越太平洋，西到亚洲东部的东京、北京、上海、香港、曼谷等城市。

3. 欧亚航线

欧亚航线是横穿欧亚大陆连接大陆东西两岸的重要航线，又称西欧—中东—远东航线。它对东亚、南亚、中东和欧洲各国之间的政治、经济联系起到重要作用。

4. 北美航线

北美航线是指北美大陆东西两岸之间的航线，主要是美国、加拿大两国东部沿海地区的波士顿、多伦多、蒙特利尔、纽约、华盛顿、费城、巴尔的摩、奥兰多、迈阿密等城市与西部沿海地区的温哥华、西雅图、旧金山、奥克兰、洛杉矶等城市之间的航线。实际上它主要是美国国内横穿北美大陆的东西向航线，也是目前世界上最繁忙的航线之一。

美国东西两岸之间的航线大多经过中部的芝加哥、丹弗、盐湖城、亚特兰大、休斯敦等大型枢纽机场中转连接，从而形成典型的中枢结构航线网络。

北大西洋航线、北太平洋航线、欧亚航线和北美航线均呈东西向分布，以上四组航线共同组成了北半球中纬度地区的纬向航空圈带，这个圈带是当今世界航空运输的主流。以此为基础，从欧、美、亚向南辐射，形成：欧洲—非洲、欧洲—拉美、北美—拉美、北美—大洋洲、北美—非洲、亚洲—大洋洲等航线。

从目前全世界航线来看，其空间分布呈现以下特点：

（1）航线最密集的地区和国家为欧洲、北美、东亚等地。航线最繁忙的海域为北大西洋以及北太平洋。

（2）航线走向总趋势呈东西向，主要的国际航线集中分布在北半球的中纬地区，大致形成一个环绕圈的航空带。

（3）在纬向航空带的基础上，由航线密集区向南辐射，形成一定的经向航线的分布。

二、机场布局现状及特点

目前，世界上的机场有4万多个，有航班的机场有7000多个。从数量上来看，北美、欧洲及亚洲是全世界机场数量相对集中的区域。从机场的繁忙程度上来看，世界上较繁忙机场也主要分布在上述区域。全世界机场客货吞吐量排在前十位的机场见表5-1。

2016年世界机场排名　　表5-1

排名	旅客吞吐量	货邮吞吐量
1	亚特兰大哈特菲尔德机场	香港国际机场
2	北京首都国际机场	孟菲斯国际机场
3	阿联酋迪拜国际机场	上海浦东国际机场
4	洛杉矶国际机场	仁川国际机场
5	东京羽田机场	阿联酋迪拜国际机场
6	芝加哥奥黑尔机场	安克雷奇国际机场
7	伦敦希斯罗国际机场	路易斯维尔国际机场
8	香港国际机场	成田国际机场
9	上海浦东国际机场	巴黎戴高乐国际机场
10	巴黎戴高乐国际机场	法兰克福国际机场

三、航空公司布局现状及特点

航空公司分布主要是指其运力分布。决定运力的主要载体是航空公司的机队。机队是指飞机的数量和不同型号飞机的构成比例关系，是形成航空运输能力的关键。机队规划是航空运输业健康持续发展的重要环节之一。运力管理是根据航线网络、航班计划和航班收益情况进行合理的运力分配，以降低运行成本，以实现预期利润的最大化。运力管理问题一直是国际运输业重要的研究课题，也是决定该行业能否满足运力需求和实现盈利的重要因素之一。

运力分布是运输飞机及其维护设施在地域上的配置。按照国际惯例，航空公司是飞机的拥有者和使用者。为了充分发挥资源优势，提高飞机和地面设施的利用率，航空公司的机群多配置在空运较为繁忙、飞行区等级较高的机场，这些机场称为主基地机场。公司机群的地域分布，对航空运输的生产布局起到极为重要的作用。

航空公司是航空运输活动的直接组织者和经营者。它的分布必然对空运布局产生重大影响。大型航空公司拥有庞大的机群，为此，航空公司必须建立自己的空运基地。大型公司除了中心基地外，还可能在其他机场建立多个分基地。中小型航空公司的机队规模不大，一般无须自己专用的维修基地或航站楼等地面设施，但为了保持正常运转，也必须依赖于较为固定的维修基地和公用设施。可见，运力的分布具有较强的地域性。航空公司机群的地域配置、机队的规模、飞机的性能以及投入航线使用的状况，基本决定了其服务区域内的航空运输能力。因此，航空公司的分布决定了运力的分布，它是航空运输生产布局中不可缺少的重要组成部分。

目前，全世界正式注册并投入运行的航空公司有800多家，它们分布在世界上的200多个国家或地区，分布具有明显的地域差异性，其中北美（美国和加拿大）约占250家，欧洲约占200家，亚太和拉美地区各占100家左右，非洲数量较少，还有部分国家尚无自己的航空公司。这种分布与航空运输的地区发展水平和空运业务量基本吻合。

北美和欧洲是航空运输最发达的地区，其航空公司的数量约占世界的50%以上。就公司规模而言，也具有明显的实力，业务量排名中，欧美航空公司排名较为靠前。

亚太地区的航空公司，无论在数量上还是规模上，都比欧美略逊一筹。但是，20世纪60—70年代以来，亚太地区的空运量迅速增长，进入21世纪，仍势头不减。目前，日本、韩国、新加坡、澳大利亚，包括中国等国家的航空公司在全世界已经有很大的影响力。2016年全世界航空公司旅客周转量排在前十位的航空公司见表5-2。

2016年航空公司旅客周转量排名　　表5-2

排名	旅客吞吐量（国内+国际）
1	美国航空
2	达美航空
3	美国联合航空
4	阿联酋航空
5	英国航空
6	法国航空
7	汉莎航空
8	南方航空
9	西南航空
10	中国国航

航空公司分布特点：

（1）世界航空公司的分布存在明显的地域差异。

（2）北美和欧洲航空运输最发达，航空公司数量及规模也居世界前列。

（3）亚太地区，目前与欧美相比还存在一定差距，但是具有较强的发展潜力。

简答题

1. 举例说明影响航空运输布局的因素有哪些。
2. 分析不同航线结构的优缺点。
3. 以成都、阿联酋为例，分析其地理环境对航空运输发展的影响。
4. 对比分析中国国航、法国航空、新加坡航空、美国联合航空等航空公司航线布局特点。

第六章

中国航空运输地理

- 第一节　中国航空运输地理概述
- 第二节　中国的航空区划
- 第三节　中国的主要航线
- 第四节　中国机场概述
- 第五节　中国机场分区概述
- 第六节　中国航空运输企业概述
- 第七节　中国航空运输相关资源

本章重点

- 掌握中国航空运输地理环境特点。
- 掌握中国的航空区划情况。
- 掌握我国主要的国际、国内航线。
- 掌握我国主要的机场情况。
- 掌握我国主要的航空公司情况。

第一节 中国航空运输地理概述

一、自然地理概述

1. 地形地貌

中国地势西高东低，山地、高原和丘陵约占陆地面积的67%，盆地和平原约占陆地面积的33%。地形的主要特征是：

(1)地形多种多样。在中国辽阔的大地上，有雄伟的高原、起伏的山岭、广阔的平原、低缓的丘陵，还有四周群山环抱、中间低平的大小盆地。陆地上的五种基本地形类型，中国均有分布，这为中国工农业的发展提供了多种多样的条件。

(2)山区面积广大。通常人们把山地、丘陵和比较崎岖的高原称为山区。中国山区面积占全国总面积的2/3，这是中国地形的又一显著特征。山区面积广大，给交通运输和农业发展带来一定困难，但山区可提供林产、矿产、水能和旅游资源，为改变山区面貌、发展山区经济提供了资源保证。

(3)地势西高东低。呈阶梯状分布地势是地表高低起伏的总趋势。中国地势西高东低，大致呈阶梯状分布：

地势的第一级阶梯是青藏高原，平均海拔在4000m以上。其北部与东部边缘分布有昆仑山脉、祁连山脉、横断山脉，是地势一、二级阶梯的分界线。

地势的第二级阶梯上分布着大型的盆地和高原，如内蒙古、新疆地区、黄土高原、四川盆地和云贵高原。平均海拔在1000～2000m之间，其东面的大兴安岭、太行山脉、巫山、雪峰山是地势二、三级阶梯的分界线。

地势的第三级阶梯上分布着广阔的平原，间有丘陵和低山，海拔多在500m以下。如果通过北纬32°线，自西向东作一幅中国地形剖面图，从西部的大高原，到中部的盆地，再到东部平原，西高东低，呈阶梯状逐级下降的地势特点十分明显。从中国陆地的第三级阶梯继续向海面以下延伸，就是浅海大陆架，这是大陆向海洋自然延伸的部分，一般深度不大，坡度较缓，海洋资源丰富。

2. 气象气候

我国气候有三大特点：显著的季风特色，明显的大陆性气候和多样的气候类型。

（1）显著的季风特色。我国绝大多数地区一年中风向发生着规律性的季节更替，这是由我国所处的地理位置所决定的。由于大陆和海洋热力特性的差异，冬季严寒的亚洲内陆形成一个冷性高气压，东部和南部的海洋上相对成为一个热性低气压，高气压区的空气要流向低气压区，就形成我国冬季多偏北和西北风。相反夏季大陆热于海洋，高温的大陆成为低气压区，凉爽的海洋成为高气压区，因此，我国夏季盛行从海洋向大陆的东南风或西南风。由于大陆来的风带来干燥气流，海洋来的风带来湿润空气，所以我国的降水多发生在偏南风盛行的夏半年5～9月。可见，我国的季风特色不仅反映在风向的转换，也反映在干湿的变化上。我国季风气候特点为：冬冷夏热，冬干夏雨。我国降水量的季节分配与同纬度地带相比，在副热带范围内和美国东部、印度相似，但与同纬度的北非相比，那里是极端干燥的沙漠气候，年降雨量仅110mm，而我国华南地区年降雨量在1500mm以上，撒哈拉沙漠北部地区降水只有200mm，而我国长江流域年降雨量可达1200mm，黄河流域年降雨量达600mm，比同纬度的地中海多1/3，而且地中海地区雨水集中在秋冬。由此可见，我国东部地区的繁荣和发达与季风给我们带来的优越性不无关系。

（2）明显的大陆性气候。由于陆地的热容量较海洋为小，所以当太阳辐射减弱或消失时，大陆又比海洋容易降温，因此，大陆温差比海洋大，这种特性我们称之为大陆性。我国大陆性气候表现在：与同纬度其他地区相比，冬季我国是世界上同纬度最冷的国家，一月份平均气温东北地区比同纬度平均要偏低15～20℃，黄淮流域偏低10～15℃，长江以南偏低6～10℃，华南沿海也偏低5℃。夏季则是世界上同纬度平均最热的国家（沙漠除外）。七月平均气温东北比同纬度平均偏高4℃，华北偏高2.5℃，长江中下游偏高1.5～2℃。

（3）多样的气候类型。我国幅员辽阔，最北边的漠河位于53°N以北，属寒温带，最南的南沙群岛位于3°N，属赤道气候，而且高山深谷，丘陵盆地众多，青藏高原4500m以上的地区四季常冬，南海诸岛终年皆夏，云南中部四季如春，其余绝大部分四季分明。

二、中国民航业的发展历程

新中国民航业的发展起步于1949年，建立起发展的基本框架是在20世纪80年代改革开放之后，而真正的起飞则是在20世纪90年代。

1. 新中国民航业的初创

中华人民共和国成立，开创了中国历史的新纪元，也拉开了新中国民航事业发展的序幕。从1949年到1979年，新中国民航业的发展在曲折、反复和艰难探索中前进，为20世纪80年代以后的改革发展和20世纪90年代的起飞奠定了基础，积累了经验，培养了队伍。

（1）新中国民航事业从无到有不断发展。1949年11月9日在香港的原中国航空公司和中央航空公司的爱国员工毅然脱离国民党反动统治宣布起义，驾驶12架飞机飞回祖国大陆，为新中国民航事业的起步奠定了物质基础。新中国成立之初，我国只有12条短程航线。

1950年7月开辟三条从国内飞苏联的国际航线。1950年8月开辟两条国内固定航线。1951年12月，开辟第一条地方航线。到1978年，共开辟了162条航线。航空业务从邮局收寄航空邮件、喷洒药剂消灭蚊蝇到开创航空护林、森林资源普查和航空磁测探矿，航空服务范围有所扩大。与此同时，飞机数量和种类不断增加，新中国成立之初只有12架小型飞机以及向苏联订购的飞机，后来陆续从英国订购子爵号飞机和三叉戟型飞机、从苏联订购伊尔-62型和安-24型飞机、从美国订购波音707型飞机。新中国成立至改革开放前的30年里，我国新建或扩建了一批机场，至1978年底，用于航班飞行的机场达78个，初步形成能适应当时运输需求的机场网络。

（2）民航体制变迁频繁。1949年11月成立民用航空局后，民航体制不断变化。1952年5月，中央军委、政务院决定将民航归空军建制，并将民航行政管理和业务经营分开，改设民航局作行政领导机构，设民航公司为经营业务的机构。1954年11月，中国民航局直属国务院领导，1958年2月，划归交通部领导，后又改为交通部民航总局。1962年4月又恢复为国务院直属局。1969年11月，国务院、中央军委批准并转发中共民航总局委员会《关于进一步改革民航体制和制度的报告》，决定把民航划归中国人民解放军建制成为空军组成部分，各项制度按军队执行。以上管理体制变迁都是根据当时政治、经济、社会发展的形势做出的决定。

（3）国际交往逐步展开。这一时期，我国民航以不断扩大双边和多边交往为主要内容的国际交往逐步展开。1958年7月20日，中国正式加入1929年在华沙签订的《统一国际航空运输某些规则的公约》。1974年2月15日中国政府决定承认1944年《国际民航公约》，9月份中国当选国际民航组织理事国。1975年8月20日正式加入《海牙议定书》。1977年9月中文被国际民航组织作为工作语言。1978年中国有保留地加入《关于航空器内的犯罪和其他某些行为的公约》。在此期间，我国陆续与法国、日本、联邦德国等国家签订了双边航空运输协定。

2. 以企业化为中心的改革和发展全面展开

十一届三中全会以后，中国民航业进入改革和发展的新阶段。1980年3月，国务院、中央军委发出《关于民航总局不再由空军代管的通知》，决定民航总局从1980年3月15日起成为国务院的直属局。同一天，《人民日报》发表题为《民航要走企业化的道路》的社论，指出民航是国家的重要运输部门，是一个企业单位，要按照办企业的方针来经营管理。民航业要打开新的局面，必须走企业化的道路。从此，民航业的发展进入了一个以企业化为中心，改革和发展全面展开的历史新阶段。

（1）民航体制改革全面展开。1985年1月7日，国务院批转中国民航局《关于民航系统管理体制改革的报告》，决定现行民航管理体制要按照“政企分开、简政放权”的原则进行改革。1987年1月30日，国务院批准中国民航局《关于民航系统管理体制改革方案和实施步骤的报告》。根据政企分开、减少管理层次和简政放权的原则，将民航局、地区管理局、省（区市）局和航空站四级管理改为民航局和地区管理局两级管理，组建6家骨干航空公司，并将机场和航务管理分开。1985年2月12日，中国民航西藏自治区管理局成立，至此，除台湾省外所有省市自治区都成立了民航管理机构。1985年12月30日，上海市组建的上海航空公司成立，成为新中国第一家自主经营的国营地方航空运输企业。随后，西南、华东、华北、西北四个管理局和航空公司及双流、虹桥、首都、西关四个机场陆续成立。

(2)以开放姿态加速与国际接轨。我国民航对外开放走在其他行业的前列。1980年5月,由中国民航北京管理局与香港中国航空食品有限公司合资经营的北京航空食品有限公司正式开业,这是我国批准的第一家中外合资企业。同年9月,我国加入《关于制止劫持航空器的公约》和《关于制止危害民用航空安全的非法行为的公约》。次年3月,中国民航加入国际电信协会并正式启用该协会的加布里尔自动订座第一系统,中国民航所有国际航班实现计算机自动订座,标志我国民航与国际民航的全面接轨。

(3)高起点全面推动民航业发展。20世纪80年代我国民航业以大量引进欧美先进飞机为主要特点,高起点推动民航业的发展。1980年4月1日,中国民航局决定国内航班不断增加,航班编号由三位升为四位;从美国订购的波音747SP型飞机加入航班飞行。1984年9月,全国所有省城民航班机通达。从1985年8月开始,我国向欧洲、美国订购的现代化大型客机陆续加入航班飞行,一批国产运输机投入运营,从而使中国民航运力、技术结构发生重大变化,为20世纪90年代民航业的飞速发展奠定了物质技术基础。同时,机场建设规模也进一步扩大,民航运输量出现新增长。1981—1990年民航客运量年均增长率17%,绝对量年均增加130多万人,旅客周转年均增长率19%，1990年达到1660万人，230亿人次,民航在综合运输体系中的地位有所上升,民航客运量占社会总客运量的比例由1980年的0.09%,上升到1990年的0.18%,旅客周转量由1.51%上升到3.41%。

3. 民航业飞速发展的新时期

在20世纪80年代国民经济持续、快速增长和民航业以企业化为中心的全面改革的基础上,进入20世纪90年代后改革进一步深化,对外开放有新的进展,客货运输和各项建设更是飞速发展,飞机、机场、配套设施建设达到空前规模。从航空运输总周转量指标来看,我国已在全世界排在第二位。

三、中国航空运输发展现状

2016年,全行业完成运输总周转量、旅客运输量、货邮运输量962.51亿吨公里、48796万人次、668.0万。共有民用运输机场(含军民合用机场)218个。运输机队规模迅速扩大，2016年达2950架。定期航班航线3794条。截至2016年年底,我国共有运输航空公司59家,比上年底增加4家,按不同所有制类别划分:国有控股公司44家,民营和民营控股公司15家。全部运输航空公司中:全货运航空公司8家,中外合资航空公司11家,上市公司7家。2012年世界空运大国排位见表6-1。

2012年世界空运大国排位　　表6-1

国家	名次	运输总周转量(百万吨公里)	国家	名次	运输总周转量(百万吨公里)
美国	1	160758	澳大利亚	11	15613
中国	2	60566	荷兰	12	15485
阿联酋	3	36096	加拿大	13	14563
德国	4	29306	巴西	14	11577
英国	5	28868	土耳其	15	11500
韩国	6	21645	卡塔尔	16	10844

国家	名次	运输总周转量(百万吨公里)	国家	名次	运输总周转量(百万吨公里)
法国	7	19975	印度	17	10824
日本	8	18858	爱尔兰	18	10208
新加坡	9	18471	泰国	19	9697
俄罗斯联邦	10	17837	西班牙	20	8829

第二节 中国的航空区划

一、中国航空区划

中国民用航空局七大地区管理局为:

(1)华北地区管理局:北京、天津、山西、内蒙古、河北。

(2)东北地区管理局:黑龙江、吉林、辽宁。

(3)中南地区管理局:湖南、湖北、河南、广西、广东、海南。

(4)华东地区管理局:上海、浙江、山东、江苏、江西、福建、安徽。

(5)西南地区管理局:云南、四川、重庆、贵州。

(6)西北地区管理局:陕西、宁夏、甘肃、青海。

(7)新疆管理局。

二、航空区域的各省、自治区、直辖市及简称

1. 华北区

北京市:简称"京",是中华人民共和国的首都。

天津市:简称"津",是首都北京的门户,是全国著名经济中心。

河北省:因位于黄河北岸而得名的,古代它的部分土地属于冀州,故简称"冀"。省会:石家庄市。

山西省:简称"晋",有"煤海"之称,因位于太行山的西面而得名。省会:太原市。

内蒙古自治区:简称"内蒙古",横贯我国东北、华北、西北,意指"青色的城市"。首府:呼和浩特市。

2. 华东区

上海市:简称"沪",位于长江的入海处,是全国最大的工业基地、商业中心、贸易中心,上海的东方明珠电视塔的高度位居亚洲第一,世界第三。

山东省:因位于太行山以东而得名,在古代是齐国和鲁国的所在地,故简称"鲁"。省会:

济南市，是中国著名的“泉城”。

安徽省：出产“文房四宝”中的纸、墨、砚，简称“皖”。省会：合肥市。

江苏省：位于中国华东地区，简称“苏”，是著名的“六朝古都”。省会：南京市。

浙江省：位于中国东南部沿海的中段，简称“浙”，风景优美，是我国“七大古都”之一。省会：杭州市。

江西省：地处长江中下游南岸，赣江是省内最大的河流，故简称“赣”。省会：南昌市。

福建省：位于中国东南沿海的南段，简称“闽”，因境内第一大河闽江而得名；又称“榕城”，因城中榕树多而得名。省会：福州市。

3. 中南区

河南省：是中国古代文明的两个重要发祥地之一，它是中国古代“九州岛”中的“豫州”，故简称“豫”，有大量古代历史和文化遗址。省会：郑州市。

湖北省：因地处洞庭湖以北而得名，简称“鄂”，水陆交通便利，夏季气温高，有“火炉”之称。省会：武汉市。

湖南省：因位于洞庭湖以南而得名，因境内最大的河流湘江流经全省，故简称“湘”。省会：长沙市。

广东省：位于中国南部，毗邻港澳，是中国通往东南亚、大洋洲、中近东和非洲等地区的最近出海口，简称“粤”。省会：广州市，又名“羊城”和“花城”，有2000多年历史，也是中国南方最大商贸中心。

海南省：有“东方夏威夷”美称，简称“琼”。省会：海口市。

广西壮族自治区：简称“桂”，区内的桂林、阳朔一带是世界闻名的风景旅游区，有“桂林山水甲天下”的美称。首府：南宁市。

4. 西南区

重庆市：简称“渝”，是中国四大直辖市之一，位于长江上游。

四川省：因物产丰富而被称为“天府之国”，简称“蜀”。省会：成都市。

云南省：同缅甸、泰国、越南相邻的中国西南边疆省份，简称“滇”或“云”，是中国的历史文化名城之一，也是闻名中外的“春城”，这里冬天不冷，夏天不热，气候温和，四季如春。省会：昆明市。

贵州省：“天无三日晴，地无三尺平”指的是贵州省，简称“黔”或“贵”，此地出产的茅台酒被列为世界三大蒸馏名酒之一，也是中国的国酒。省会：贵阳市。

西藏自治区：简称“藏”，是中国西南边疆的一个自治区，位于青藏高原上，从公元7世纪开始就与内地在政治、经济、文化等方面经常往来，促进了藏、汉民族之间的交流与发展。首府：拉萨市，在藏语中是“圣地”或“佛地”的意思，又因这里一年四季晴空万里，日照时间长，人们把它叫作“日光城”。

5. 东北区

辽宁省：因省内有一条辽河而得名，简称“辽”。省会：沈阳市。

吉林省：位于东北平原的中心，简称“吉”，是中国的“汽车城”。省会：长春市。

黑龙江省：有“北大仓”(粮仓)之称，是中国最北的，也是最东的省份，简称“黑”，又称“冰城”，每年的元旦到春节期间，这里举办冰雕艺术节。省会：哈尔滨市。

6. 西北区

陕西省：有“古代历史博物馆”之称，是古代秦国的所在地，故简称“秦”或“陕”。省会：西安市，古称长安，是我国著名的“千年古都”。

甘肃省：中国古代“丝绸之路”的必经之地，位于黄河上游，简称“甘”或“陇”。省会：兰州市。

宁夏回族自治区：简称“宁”，位于中国的西北部。首府：银川市。

青海省：因境内有中国最大的内陆咸水湖青海湖而得名，青海湖古代叫“西海”，蒙古语称“库库诺尔”，意思是“青色的湖”，我国唯一以湖泊而得名的省，简称“青”。省会：西宁市。

7. 新疆区

新疆维吾尔自治区：简称“新”，是中国面积最大的省级行政区，位于中国的西北部。首府：乌鲁木齐市。

第三节 中国的主要航线

2015年，国内航线完成运输总周转量559.04亿吨公里，比上年增长10.0%，其中港澳台航线完成16.22亿吨公里，比上年增长0.3%；国际航线完成运输总周转量292.61亿吨公里，比上年增长21.9%。

一、国际航线的分布特点

（1）中国的国际航线以北京为中心，通过上海、广州、乌鲁木齐、大连、昆明、厦门等航空口岸向东、西、南三面辐射。

（2）国际航线的主流呈东西向。向东连接日本、北美，向西连接了中东、欧洲。它是北半球航空圈带的重要组成部分。

（3）中国的国际航线是亚太地区航空运输网的重要组成部分，它与南亚、东南亚、澳大利亚等地有密切的联系。

二、中国主要的国际航线

目前，中国客运量较集中的国际航线有中韩航线、中日航线、中—东盟航线、中欧航线、中美航线等。另外，中东航线以及到东南亚各国、大洋洲及太平洋岛屿的航线也是我国重要的国际航线。

三、国内航线的分布特征

（1）我国国内航线集中分布于哈尔滨—北京—西安—成都—昆明一线以东的地区。其中又以北京、上海、广州的三角地带最为密集。整体上看,航线密度由东向西逐渐减小。

(2)航线多以城市对为主,以大、中城市为辐射中心为辅。

(3)国内主要航线多呈南北向分布,在此基础上,又有部分航线从沿海向内陆延伸,呈东西向分布。

四、国内主要航线

2013年旅客运输量50万人以上共145个航段,其中有120个航段发生在东部地区内部以及连接东部地区与其他地区之间;17个航段发生在西部地区之间;8个航段发生在中部与西部地区之间。由此可见,业务量主要集中在东部地区。航线主要以北京、上海、广州为核心向周围辐射。主要的航线有:

1. 以北京为中心的辐射航线

重要直飞航线:PEK—CAN、SHA、PVG、SHE、SIA、NKG、CTU、KMG、XMN、HGH、SZX、KWT、HRB、DLC、CGQ、HET、HFE、URC、CKG、HAK、TSN、HKG。

2. 以上海为中心的辐射航线

重要直飞航线:SHA、PVG—PEK、CAN、CTU、KWL、HGH、NKG、SIA、SHE、DLC、CGQ、HRB、WUH、FOC、XMN、CKG、KMG、URC、HAK、SZX、LXA、HKG。

3. 以广州为中心的辐射航线

重要直飞航线:CAN—PEK、SHA、PVG、CTU、KWL、HGH、KMG、KHN、NKG、NNG、WNZ、SHE、DLC、CGQ、WUH、XMN、SIA、SWA、HAK、CKG、HAK、URC。

4. 以香港为中心的辐射航线

主要直飞航线:HKG—PEK、DLC、TSN、SHE、SHA、PVG、NGB、DLC、TAO、HGH、NGB、FOC、KMG、CKG、SIA、CTU、XMN、SWA。

第四节　中国机场概述

一、机场发展现状

经过几十年的建设和发展,我国机场总量初具规模,机场密度逐渐加大,机场服务能力逐步提高,现代化程度不断增强,初步形成了以北京、上海、广州等枢纽机场为中心,以成都、昆明、重庆、西安、乌鲁木齐、深圳、杭州、武汉、沈阳、大连等省会或重点城市机场为骨干以及其他城市支线机场相配合的基本格局,我国民用运输机场体系初步建立。

2016年,我国境内民用航空(颁证)机场共有218个(不含香港、澳门和台湾地区,以下简称境内机场），其中定期航班通航机场216个，定期航班通航城市214个。所有境内机场中，年旅客吞吐量1000万人次以上的机场有28个，较上年净增2个，完成旅客吞吐量占全部境内机场旅客吞吐量的79.1%，其中首都机场突破9000万人次，上海两个机场合计突破1亿人次，北京、上海和广州三大城市机场旅客吞吐量占全部境内机场旅客吞吐量的26.2%。全国各地区旅客吞吐量的分布情况是：华北地区占15.3%（15.8%），东北地区占6.1%（6.0%），华东地区占29.0%（29.1%），中南地区占23.8%（23.7%），西南地区占16.9%（16.8%），西北地区占6.2%（5.9%），新疆地区占2.7%（2.8%）。

所有境内机场中，年货邮吞吐量10000t以上的机场有50个，较上年净减1个，完成货邮吞吐量占全部境内机场货邮吞吐量的98.3%，其中北京、上海和广州三大城市机场货邮吞吐量占全部境内机场货邮吞吐量的49.6%。国内各地区货邮吞吐量的分布情况是：华北地区占15.8%（16.5%），东北地区占3.5%（3.5%），华东地区占40.4%（40.7%），中南地区占26.4%（25.9%），西南地区占10.2%（9.9%），西北地区占2.4%（2.3%），新疆地区占1.2%（1.3%）。

2016年民航旅客吞吐量前30名机场见表6-2，货邮吞吐量前30名机场见表6-3。

2016年中国民航旅客吞吐量排名 表6-2

排名	机场	排名	机场
1	北京/首都	9	重庆/江北
2	上海/浦东	10	杭州/萧山
3	广州/白云	11	厦门/高崎
4	成都/双流	12	南京/禄口
5	昆明/长水	13	长沙/黄花
6	深圳/宝安	14	武汉/天河
7	上海/虹桥	15	郑州/新郑
8	西安/咸阳	16	青岛/流亭
17	乌鲁木齐/地窝堡	24	沈阳/桃仙
18	海口/美兰	25	济南/遥墙
19	三亚/凤凰	26	福州/长乐
20	天津/滨海	27	南宁/吴圩
21	哈尔滨/太平	28	兰州/中川
22	大连/周水子	29	太原/武宿
23	贵阳/龙洞堡	30	长春/龙嘉

2016年中国民航货邮吞吐量排名 表6-3

排名	机场	排名	机场
1	上海/浦东	16	武汉/天河
2	北京/首都	17	乌鲁木齐/地窝堡
3	广州/白云	18	沈阳/桃仙
4	深圳/宝安	19	大连/周水子
5	成都/双流	20	海口/美兰
6	杭州/萧山	21	长沙/黄花
7	郑州/新郑	22	哈尔滨/太平
8	上海/虹桥	23	福州/长乐

续上表

排名	机场	排名	机场
9	昆明/长水	24	宁波/栎社
10	重庆/江北	25	南宁/吴圩
11	南京/禄口	26	济南/遥墙
12	厦门/高崎	27	无锡/硕放
13	天津/滨海	28	贵阳/龙洞堡
14	西安/咸阳	29	三亚/凤凰
15	青岛/流亭	30	长春/龙嘉

二、机场布局现状与评价

1. 机场布局现状

从数量上来看，我国机场主要集中在西部地区，占到机场总数的50%，然而西部地区大多数机场等级偏低，且机场密度较低。但值得注意的是，西部地区拥有部分4E级机场。对于东部地区而言，集中了我国大部分的高等级机场，机场密度较高。更为重要的是，我国大部分旅客及货物运输的业务量集中在东部地区的机场。同时，业务量较繁忙的机场主要以东部机场为主。中部及东北地区机场的业务量相对较少。

2. 机场布局评价

(1)机场总体布局基本合理

绝大多数机场的建设和发展是以航空运输市场需求为基础，初步形成了与我国国情国力相适应的机场体系，为促进和引导国民经济社会发展、加强国防建设和保障国家安全发挥着重要作用。

(2)机场区域布局与经济地理格局基本适应

机场区域分布的数量规模和密度与我国区域经济社会发展水平和经济地理格局基本适应，民用机场呈区域化发展趋势，初步形成了以北京为主的北方(华北、东北)机场群、以上海为主的华东机场群、以广州为主的中南机场群三大区域机场群体，以成都、重庆和昆明为主的西南机场群和以西安、乌鲁木齐为主的西北机场群两大区域机场群体雏形正在形成，机场集群效应得以逐步体现，对带动地区经济社会发展、扩大对外开放、提高城市发展潜力和影响力发挥了重要作用。

(3)机场体系的功能层次日趋清晰

我国民航运输基于机场空间布局的中枢轮辐式与城市对相结合的航线网络逐步形成，机场体系的功能层次日趋清晰、结构日趋合理，国际竞争力逐步增强。一批主要机场的综合功能逐步完善、业务能力不断提高，北京、上海、广州三大枢纽机场的中心地位日益突出，昆明、成都、西安、乌鲁木齐、沈阳、武汉、重庆、大连、哈尔滨、杭州、深圳等省会或重要城市机场的骨干作用进一步增强，尤其是昆明、成都、重庆、西安、乌鲁木齐等机场分别在西南、西北区域内的中心作用逐步显现，诸多中小城市机场发挥着重要的网络拓展作用。

(4)航空运输在综合交通运输体系中的地位不断提高

以机场布局规模不断扩大和航空网络逐步拓展完善为基础，航空运输以其快捷、方便、舒适和安全的比较优势，在我国中长途旅客运输、国际客货运输、城际间快速运输及特定区域运输方面逐步占据主导地位，对促进国际人员交往、对外贸易和出入境旅游发展发挥了重要作用。

第五节 中国机场分区概述

一、华东地区机场

1. 华东区空港城市

华东区包括的空港城市有：上海市；山东省的威海市、青岛市等8个城市；江西省的南昌市、九江市等4个城市；安徽省的合肥市、黄山市等4个城市；浙江省的杭州市、温州市等7个城市；江苏省的南京市、无锡市、连云港市等7个城市；福建省的厦门市、福州市等4个城市。

2. 华东区机场分布

华东区是我国机场数量最多、航空运输量最大的地区，货运量占全国的半壁江山。大批国际国内货物经过华东区各机场源源不断地运往全国及世界各地。活动地区重要的机场有：上海浦东国际机场、上海虹桥国际机场、杭州萧山国际机场、厦门高崎国际机场、南京禄口国际机场、福州长乐国际机场、青岛流亭国际机场、济南遥墙国际机场、合肥骆岗机场等。其中，上海浦东国际机场为中心枢纽。

3. 华东区机场名称及三字代码

华东区机场名称及三字代码见表6-4。

华东区机场名称及三字代码　　表6-4

华东地区	省/市	代码	华东地区	省/市	代码
济南遥墙国际机场	山东	TNA	杭州萧山国际机场	浙江	HGH
威海大水泊国际机场	山东	WEH	温州永强机场	浙江	WNZ
青岛流亭国际机场	山东	TAO	舟山普陀山机场机场	浙江	HSN
潍坊文登机场	山东	WEF	宁波栎社国际机场	浙江	NGB
烟台莱山机场	山东	YNT	义乌机场	浙江	YIW
临沂机场	山东	LYI	黄岩路桥机场	浙江	HYN
东营永安机场	山东	DOY	衢州机场	浙江	JUZ
济宁济宁机场	山东	TNB	南京禄口国际机场	江苏	NKG
南昌昌北国际机场	江西	KHN	徐州观音机场	江苏	XUZ
九江庐山机场	江西	JIU	连云港白塔埠机场	江苏	LYG
景德镇罗家机场	江西	JDZ	盐城机场	江苏	YNZ

续上表

华东地区	省/市	代码	华东地区	省/市	代码
井冈山机场	江西	JGS	无锡硕放机场	江苏	WUX
赣州黄金机场	江西	KOW	常州奔牛机场	江苏	CZX
黄山屯溪跃桥机场	安徽	TXN	南通兴东机场	江苏	NTG
合肥骆岗机场	安徽	HFE	厦门高崎国际机场	福建	XMN
安庆大龙山机场	安徽	AQG	福州长乐国际机场	福建	FOC
阜阳西关机场	安徽	FIG	晋江机场	福建	JIN
上海虹桥机场	上海	SHA	连城机场	福建	LCX
上海浦东机场	上海	PVG	武夷山机场	福建	WUS

二、中南地区机场

1. 中南区空港城市

中南区包括的空港城市有:广东省的广州市、深圳市、汕头市等6个城市;海南省的海口市、三亚市;河南省的郑州市等3个城市;湖北省的武汉市等5个城市;湖南省的长沙市等4个城市;广西壮族自治区的南宁市、桂林市等5个城市。

2. 中南区机场分布

中南区是我国机场数量较多、空中运输业务量较大的地区之一,尤其是珠江三角洲一带发展迅速,带动着中南地区航空运输的快速发展。中南区的重要机场有广州白云国际机场、海口美兰国际机场、长沙黄花国际机场、武汉天河国际机场、郑州新郑国际机场、深圳宝安国际机场、南宁无圩国际机场、桂林两江国际机场等。中南区以广州白云国际机场为中心枢纽。

3. 中南区机场名称及三字代码

中南区机场名称及三字代码见表6-5。

中南区机场名称及三字代码　　表6-5

中南地区	省/市	代码	中南地区	省/市	代码
广州花都新白云国际机场	广东	CAN	宜昌三峡机场	湖北	YIN
梅县机场	广东	MXZ	恩施许家坪机场	湖北	ENH
珠海三灶国际机场	广东	ZUH	张家界荷花大庸机场	湖南	DYG
汕头外砂机场	广东	SWA	长沙黄花国际机场	湖南	CSX
深圳宝安国际机场	广东	SZX	常德桃花源机场	湖南	CGD
湛江机场	广东	ZHA	怀化芷江机场	湖南	HJJ
海口美兰国际机场	海南	HAK	衡阳机场	湖南	HNY
三亚凤凰国际机场	海南	SYX	南宁吴圩国际机场	广西	NNG
郑州新郑国际机场	河南	CGO	桂林两江国际机场	广西	KWL
洛阳北郊机场	河南	LYA	北海福成机场	广西	BHY
南阳姜营机场	河南	NNY	柳州白莲机场	广西	LZH
武汉天河国际机场	湖北	WUH	百色田阳机场	广西	AEB
荆州沙市机场	湖北	SHS	梧州长洲岛机场	广西	WUZ
襄樊刘集机场	湖北	XFN			

三、华北地区机场

1. 华北区空港城市

华北区包括的空港城市有：北京市、天津市、石家庄市、秦皇岛市、太原市、大同市、长治市、呼和浩特市、包头市、乌兰浩特市、海拉尔区、锡林浩特市、赤峰市、通辽市、乌海市等。

2. 华北区机场分布

华北区是我国机场数量较多、空中运输业务量较大的地区。其中北京首都国际机场在全国航空运输中占有重要位置。在华北区的重要机场有：北京首都国际机场、天津滨海国际机场、太原武宿国际机场、呼和浩特白塔机场、石家庄正定机场等。

北京首都国际机场简称首都机场，是中华人民共和国北京市主要的国际机场。北京首都国际机场位于北京市区东北方向，朝阳区在顺义区的一块飞地，距离天安门广场25.35km。北京首都国际机场是我国地理位置最重要、规模最大、设备最齐全、运输生产最繁忙的大型国际航空港。北京首都国际机场不但是中国首都北京的空中门户和对外交往的窗口，而且是中国民航最重要的航空枢纽，是中国民用航空网络的辐射中心，并且是当前中国最繁忙的民用机场，也是中国国际航空公司的基地机场。

北京首都国际机场是中国国内唯一拥有三条跑道的国际机场，机场原有东、西两条4E级双向跑道，长宽分别为3800m×60m、3200m×50m，并且装备有II类仪表着陆系统；其间为一号航站楼、二号航站楼。2008年建成的三号航站楼和第三条跑道(3800m×60m，满足F类飞机的使用要求)位于机场东边。首都机场于1958年3月2日正式投入使用，是国内首个投入使用的民用机场。当时仅有一座小型候机楼，称为机场南楼，主要用于VIP乘客和包租的飞机。

3. 华北区机场名称及三字代码

华北区机场名称及三字代码见表6-6。

华北区机场名称及三字代码　　表6-6

华北地区	省/市/自治区	代码	华北地区	省/市/自治区	代码
北京首都国际机场	北京	PEK	呼和浩特白塔国际机场	内蒙古自治区	HET
北京南苑机场	北京	NAY	包头二里半机场	内蒙古自治区	BAV
石家庄正定国际机场	河北	SJW	乌兰浩特乌兰浩特机场	内蒙古自治区	HLH
秦皇岛山海关机场	河北	SHP	海拉尔东山机场	内蒙古自治区	HLD
邯郸机场	河北	HDG	鄂尔多斯东胜机场	内蒙古自治区	DSN
天津滨海国际机场	天津	TSN	满洲里西郊机场	内蒙古自治区	NZH
太原武宿国际机场	山西	TYN	锡林浩特机场	内蒙古自治区	XIL
大同怀仁机场	山西	DAT	赤峰玉龙机场	内蒙古自治区	CIF
长治王村机场	山西	CIH	通辽机场	内蒙古自治区	TGO
运城关公机场	山西	YCU	乌海机场	内蒙古自治区	WUA

四、西南地区机场

1. 西南区空港城市

西南区包括的空港城市有：重庆市；四川省的成都市、绵阳市、宜宾市等12个城市；贵州省的贵阳市、遵义市等3个城市；云南省的昆明市、丽江市等9个城市；西藏自治区的拉萨市、昌都县等。

2. 西南区机场分布

西南区是我国西部机场最多的地区，其中成都、昆明、重庆三个机场突出地位逐渐显现，发挥着重要作用。成都双流国际机场是西南区最大的航空港；昆明巫家坝国际机场始建于1951年，后经多次大规模修缮扩建，目前已成为西南区的门户枢纽机场；重庆江北机场是我国在20世纪80年代建设的大型机场，于1990年建成投入使用，目前机场飞行区等级为4E级，可满足年旅客吞吐量1500万人次、货邮吞吐量30万吨的生产需要。

3. 西南区机场名称及三字代码

西南区机场名称及三字代码见表6-7。

西南区机场名称及三字代码 表6-7

西南地区	省/市/自治区	代码	西南地区	省/市/自治区	代码
成都双流国际机场	四川	CTU	铜仁大兴机场	贵州	TEN
绵阳南郊机场	四川	MIG	兴义机场	贵州	ACX
宜宾莱坝机场	四川	YBP	昆明巫家坝国际机场	云南	KMG
泸州蓝田机场	四川	LZO	丽江三义机场	云南	LJG
九寨沟黄龙机场	四川	JZH	西双版纳嘎洒机场	云南	JHG
攀枝花保安营机场	四川	PZI	大理机场	云南	DLU
西昌青山机场	四川	XIC	芒市机场	云南	LUM
万县机场	四川	WXN	迪庆香格里拉机场	云南	DIG
广元盘龙机场	四川	GYS	思茅机场	云南	SYM
达县河霸机场	四川	DAX	保山机场	云南	BSD
南充都尉坝机场	四川	NAO	临沧机场	云南	LNJ
梁平万州梁平机场	四川	LIA	文山普者黑机场	云南	WNH
广汉机场	四川	GHN	腾冲	云南	TCZ
重庆江北国际机场	重庆	CKG	昭通机场	云南	ZAI
重庆万州五桥机场	重庆	WXN	拉萨贡嘎机场	西藏	LXA
贵阳龙洞堡国际机场	贵州	KWE	昌都邦达机场	西藏	BPX
黎平机场	贵州	HZH	林芝	西藏	LZY

五、东北地区机场

1. 东北区空港城市

东北区空港城市有：黑龙江省的哈尔滨市、齐齐哈尔市等5个城市；吉林省的长春市、延吉市等3个城市；辽宁省的沈阳市、大连市等5个城市。

2. 东北区机场分布

东北区是我国机场数量相对较少的地区，重要的机场有沈阳桃仙国际机场、大连周水子国际机场、哈尔滨太平国际机场、长春龙嘉国际机场等。沈阳桃仙国际机场是东北区重要航空枢纽，地理位置优越，位于辽沈中部，为辽沈中部城市群2400万人口的共用机场；大连周水子国际机场占地面积284.46公顷，飞行跑道长3300m，滑行道3168m，航站楼面积6.5万m^2，停机坪24万m^2，停机位25个，符合4E级类国际机场标准，可供世界上各种大型飞机安全起降，是东北地区四大机场之一。旅客、货邮吞吐量和飞机起降架次三项运输生产指标自1998年来连续10年居中国东北地区12个民用机场的首位。

3. 东北区机场名称及三字代码

东北区机场名称及三字代码见表6-8。

东北区机场名称及三字代码　　表6-8

东北地区	省/市	代码	东北地区	省/市	代码
哈尔滨太平国际机场	黑龙江	HRB	长春龙嘉国际机场	吉林	CGQ
齐齐哈尔三家子机场	黑龙江	NDG	延吉朝阳川国际机场	吉林	YNJ
牡丹江海浪机场	黑龙江	MDG	吉林二台子机场	吉林	JIL
佳木斯东郊机场	黑龙江	JMU	大连周水子国际机场	辽宁	DLC
黑河国际机场	黑龙江	HEK	沈阳桃仙国际机场	辽宁	SHE
漠河古莲机场	黑龙江	OHE	锦州小岭子机场	辽宁	JNZ
大庆萨尔图机场	黑龙江	DQA	丹东浪头机场	辽宁	DDG
鸡西兴凯湖机场	黑龙江	JXA	朝阳机场	辽宁	CHG
伊春林都机场	黑龙江	LDS			

六、西北地区机场

1. 西北区空港城市

西北区包括的空港城市有：陕西省的西安市、汉中市、延安市等5个城市；甘肃省的兰州市、敦煌市、嘉峪关市等5个城市以及宁夏回族自治区的银川市。

2. 西北区机场分布

西北区的重要机场有：西安咸阳机场、兰州中川机场、西宁曹家堡机场和银川河东机场。西安咸阳国际机场以其“承接东西，连接南北”的区位优势成为中国国内干线重要的航空港和国际定期航班机场，是中国民用航空局规划建设的大型区域性枢纽机场之一，也是中国东方航空集团西北公司、海南航空集团长安公司和南方航空集团西安分公司的基地机场。

3. 西北区机场名称及三字代码

西北区机场名称及三字代码见表6-9。

西北区机场名称及三字代码　　表6-9

西北地区	省/市/自治区	代码	西北地区	省/市/自治区	代码
西安咸阳国际机场	陕西	XIY	乌鲁木齐地窝堡国际机场	新疆	URC
汉中西关机场	陕西	HZG	和田机场	新疆	HTN
延安二十里堡机场	陕西	ENY	伊宁机场	新疆	YIN
安康五里铺机场	陕西	AKA	克拉玛依机场	新疆	KRY
榆林西沙机场	陕西	UYN	塔城机场	新疆	TCG
兰州中川机场	甘肃	LHW	阿勒泰机场	新疆	AAT
敦煌机场	甘肃	DNH	阿克苏机场	新疆	AKU

续上表

西北地区	省/市/自治区	代码	西北地区	省/市/自治区	代码
嘉峪关机场	甘肃	JGN	库尔勒机场	新疆	KRL
庆阳西峰镇机场	甘肃	IQN	库车机场	新疆	KCA
西宁曹家堡机场	青海	XNN	喀什机场	新疆	KHG
格尔木机场	青海	GOQ	且末机场	新疆	IQM
银川河东机场	宁夏	ING	哈密机场	新疆	HMI
可可托托海机场	新疆	FYN			

西安咸阳国际机场位于中国内陆中心，距西安市中心47km，距离咸阳市13km。机场于1984年开工建设，1991年9月1日一期工程完成，正式通航；二期工程于2000年8月开工建设，2003年9月16日完工投入运营。三期扩建工程于2009年3月开工，2012年5月投入运营。西安咸阳国际机场是中国西北地区最大的空中交通枢纽，中国第五大机场，全国吞吐量第八大机场（2012年），同时也是中国东方航空集团西北公司、天津航空西安分公司、海南航空集团长安公司、南方航空集团西安公司、深圳航空西安分公司、幸福航空的基地机场。机场位于西安市西北、咸阳市东北方向，陕西省咸阳市渭城区底张镇境内。现拥有3座航站楼，2条跑道。

乌鲁木齐地窝堡国际机场，始建于1939年，是中国面向中亚、西亚和连接欧亚的国家门户枢纽机场，距离市中心16.8km。该机场飞行区等级为4E，可满足波音747-400大型飞机全载起降。

第六节 中国航空运输企业概述

一、运输航空（集团）公司生产

截至2016年底，我国共有运输航空公司59家，比上年底增加4家，按不同所有制类别划分：国有控股公司44家，民营和民营控股公司15家。全部运输航空公司中：全货运航空公司8家，中外合资航空公司11家，上市公司7家。

中航集团完成飞行小时237.4万小时，完成运输总周转量261.7亿吨公里，比上年增长10.1%，完成旅客运输量1.15亿人次，比上年增长9.3%，完成货邮运输量191.6万吨，比上年增长7.0%。

东航集团完成飞行小时197.3万小时，完成运输总周转量197.3亿吨公里，比上年增长10.6%，完成旅客运输量1.02亿人次，比上年增长8.6%，完成货邮运输量139.5万吨，比上年下降0.3%。

南航集团完成飞行小时237.5万小时，完成运输总周转量243.9亿吨公里，比上年增长8.9%，完成旅客运输量1.15亿人次，比上年增长4.8%，完成货邮运输量161.3万吨，比上年增长6.7%。

海航集团完成飞行小时139.5万小时，完成运输总周转量142.1亿吨公里，比上年增长22.9%，完成旅客运输量0.83亿人次，比上年增长22.4%，完成货邮运输量78.4万吨，比上年增长0.8%。

其他航空公司共完成飞行小时137.7万小时，完成运输总周转量117.5亿吨公里，比上年增长22.4%，完成旅客运输量0.73亿人次，比上年增长22.7%，完成货邮运输量97.3万吨，比上年增长19.6%。

二、中国航空公司发展概述

1. 中国国际航空股份有限公司（http://www.airchina.com.cn/）

中国国际航空股份有限公司1988年在北京正式成立。2004年12月15日，中国国际航空股份有限公司在香港成功上市，是中国航空集团公司控股的航空运输主业公司。中国国际航空股份有限公司的英文名称为"Air China Limited"，中文简称为"国航股份"，英文简称为"Air China"。

截至2017年6月30日，国航（含控股公司）共拥有以波音、空中客车为主的各型飞机628架，平均机龄6.53年；经营客运航线已达408条，其中国际航线106条，地区航线15条，国内航线287条；通航国家（地区）39个；通航城市184个，其中国际66个，地区3个，国内115个；通过与星空联盟成员等航空公司的合作，将服务进一步拓展到191个国家的1307个目的地。

主运营基地：北京首都国际机场、成都双流国际机场。

国际门户：上海浦东国际机场。

其他枢纽：杭州萧山国际机场、武汉天河国际机场、天津滨海国际机场、重庆江北国际机场、呼和浩特白塔国际机场。

图6-1　中国国际航空公司航徽

代码：CA。数字代码：999。以凤作为航徽。凤是一只美丽吉祥的神鸟，经此作为航徽，是希望这神圣的生灵及其有关它的美丽的传说给天下带来安宁，给朋友们带来吉祥和幸福、幸运和欢欣。如图6-1所示。

2. 中国东方航空股份有限公司（http://www.ceair.com/）

中国东方航空股份有限公司，简称东航，拥有包括上海航空公司、中国联合航空公司等在内的24家全资及控股子公司，作为天合联盟成员，东航以"精准、精致、精细"的服务为全球旅客不断创造精彩的旅行体验。

目前，东航运营的逾600架客货运飞机组成的现代化机队，主力机型平均机龄不到5.5年，是全球规模航企中最年轻的机队之一。作为天合联盟成员，东航年旅客运输量超过1亿人次，位列全球第七；航线网络通达全球177个国家（地区）、1062个目的地，"东方万里行"常旅客可享受天合联盟20家航空公司的会员权益及全球672间机场贵宾室。

代码：MU。数字代码：781。东航航徽（图6-2）最大的改动是这只燕子图形，新的设计将它彻底从圆形的笼子中解放了出来。

中國東方航空
CHINA EASTERN
图6-2　中国东方航空公司航徽

原来的燕子造型有不少直线，新设计则大部分改为圆弧，整体流线型的处理使它看上去更加舒展，仿佛看到一只挣脱束缚后奔向自由、奔向蓝天的燕子。

3. 中国南方航空股份有限公司（http://www.csair.com/）

中国南方航空股份有限公司，简称南航，英文名称China Southern Airlines，航线通达全球众多城市。作为天合联盟成员公司，南航以顾客为导向，致力于提供便捷的满意服务。

目前，南航每天有2000多个航班飞至全球40多个国家（地区）、224个目的地，提供座位数30万个。通过与天合联盟成员密切合作，航线网络延伸到全球1062个目的地，连接177个国家（地区）。近年来，南航持续新开和加密航班网络，强化中转功能，利用第六航权，举全力打造“广州之路”（Canton Route）国际航空枢纽，广州国际通航点增至50个，年旅客中转量340万人次，中转旅客比重超过50%，形成了以欧洲、大洋洲两个扇形为核心，以东南亚、南亚、东亚为腹地，全面辐射北美、中东、非洲的航线网络布局，已成为中国大陆至大洋洲、东南亚的第一门户枢纽。

截至2016年底，南航经营包括波音787、777、737系列，空客380、330、320系列等型号客货运输飞机702架，是中国唯一运营空客A380的航空公司。2016年，南航旅客运输量超过1.15亿人次，连续38年居中国各航空公司之首，机队规模和旅客运输量均居亚洲第一、世界第四。

代码：CZ。数字代码：784。航徽标志由一朵抽象化的大红色木棉花衬托在宝蓝色的飞机垂直尾翼图案上组成，航徽色彩鲜艳，丰满大方。在南方人的心目中，木棉象征高尚的人格，人们赞美它、热爱它，广州市民把它推举为自己的市花，视为图腾。如图6-3所示。

图6-3　中国南方航空公司航徽

4. 海南航空股份有限公司（http://www.hnair.com/）

海南航空股份有限公司（简称海南航空）于1993年成立，是中国发展最快、最有活力的航空公司之一，致力于为旅客提供全方位无缝隙的航空服务。

海航拥有以波音787、767、737系列和空客330、320系列为主的年轻豪华机队，适用于客运和货运飞行，为旅客打造独立空间的优质头等舱与宽敞舒适的全新商务舱。截至2014年12月，共运营飞机137架，其中主力机型为B737-800客机，宽体客机27架。

海航是中国四大航空公司之一。

图6-4　海南航空航徽

代码：HU。数字代码：880。“海南航空”企业标志分别由“大鹏金翅鸟”的金翅膀、头顶日月宝珠（如意珠）、金角、鸟嘴造型、如意祥云等元素组成。如图6-4所示。

5. 深圳航空有限责任公司（http://www.shenzhenair.com/）

2013年，深圳航空（以下简称深航）机队共有飞机140架，平均机龄5.31年。全年引进飞机17架。

截至2013年12月31日，深圳航空经营的航线达194条，其中国内航线182条，国际航线6条，地区航线6条。通航国家（地区）7个，通航城市77个，其中国内70个，国际4个，地区3个。

代码：ZH。数字代码：479。企业标志为民族之鹏，朋，神鸟也，其翼若垂天之云，形神俱绝的象形文字；是中国传统文化和现代文化集合的图腾，图案和谐融汇，红金吉祥映衬，凝聚东方文化的精髓。挺拔傲立，充满生机，体现果断进取的精神，标志造型气势磅礴，沉着矫

图6-5　深圳航空航徽

健。呈高瞻远瞩，胸怀万物，根基稳固之三态，一为睿智定乾坤，二是同心创辉煌，三生万物盛千里。代表深圳航空"沉稳，诚信，进取"的理念。如图6-5所示。

6. 厦门航空有限公司（http://www.xiamenair.com/）

厦门航空有限公司（简称厦门航空）成立于1984年7月25日，厦门航空是由民航局与福建省合作创办的中国首家按现代企业制度运营的航空公司，现股东为中国南方航空股份有限公司（51%）、厦门建发集团有限公司（34%）和冀中能源股份有限公司（15%）。厦门航空承运人代码为"MF"，企业标志为"蓝天白鹭"。厦航是中国唯一使用全波音系列飞机的航空公司，目前拥有全波音系列飞机113架，总座位数超过18654个，平均机龄低于5年。经营国内航线218条，国际及地区航线26条，每周执行航班3200多个，其中厦门、福州、泉州始发航线已通达全国所有直辖市、地方省会及主要旅游城市。

2014年10月14日，南方航空发布公告称，其全资子公司厦门航空有限公司已于10月13日与河北航空投资集团有限公司签订股权转让协议。厦门航空以人民币6.8亿元收购河北航投所持有的河北航空95.4%的股权。蓝天白鹭，昂首矫健的白鹭在蓝天振翅高飞，象征吉祥、幸福永伴宾客，展示了厦航团结拼搏、开拓奋飞的精神。如图6-6所示。

图6-6　厦门航空航徽

7. 山东航空股份有限公司（http://www.shandongair.com.cn/）

山东航空股份有限公司成立于1999年12月13日，其前身是成立于1994年的山东航空有限责任公司。

2013年，山东航空股份有限公司（以下简称山东航空）机队共有飞机66架（不含湿租给国航的6架飞机），平均机龄5.3年。全年引进飞机15架，退出5架。

截至2013年12月31日，山东航空经营航线139条，其中国际航线7条，地区航线5条。通航国家（地区）5个，通航城市60个，其中国内52个，国际5个，地区3个。

公司性质为股份有限公司。

主要运营基地：青岛国际机场、济南国际机场、第二运营基地烟台莱山机场、厦门国际机场。

图6-7　山东航空公司航徽

代码：SC。数字代码：324。三个"S"形曲线代表擅长飞翔、纪律严明的飞燕，同时也是团结一致的象征。飞燕的三个"S"形翅膀，看上去像"山"字，三个"S"分别代表"山东""成功""安全"。航徽的周围对称的八条平行线段组成机翼形状，代表山航永远稳健安全的飞翔。如图6-7所示。

8. 四川航空股份有限公司（http://www.scal.com.cn）

四川航空股份有限公司的前身是四川航空公司，该公司成立于1986年9月19日，1988年7月14日正式开航营运。四川航空股份有限公司成立于2002年8月29日，是由四川航空公司为主联合中国南方航空股份有限公司、上海航空股份有限公司、山东航空股份有限公司、成都银杏餐饮有限公司共同发起设立的跨地区、跨行业、跨所有制、投资主体多元化的股份制航空公司。

为了提升航线竞争力，2013年四川航空还加快了飞机引进力度。2013年3月，首架A330-300（第5架A330）加盟四川航空机队，机号B-5923，四川航空机队规模增至74架。

总部、主运营基地：成都双流国际机场。

其他运营基地：重庆江北国际机场、昆明长水机场。

IATA/ICAO代码：3U/CSC。

代码：3U。数字代码：876。标志含义：一只海燕在大海上高傲地飞翔，代表公司在逆境中发展壮大。川航始终以“安全、服务、效益”作为企业的永恒追求，倡导以“真诚、善良，美丽、爱心”为核心理念的川航“美丽文化”，创造具有自身特色的服务品牌。如图6-8所示。

图6-8　四川航空航徽

9. 中国联合航空有限公司（http://kn.ceair.com/）

中国联合航空公司（简称中国联航，英文名称：China United Airlines ）成立于1984年9月21日，于2012年11月26日完成机构重组扩张并正式运营。

2013年是新中联航运营的第1年。自2012年11月完成与东航河北分公司整合后，新中联航机队规模迅速翻番，2013年全年引进3架飞机，中联航共有波音737系列飞机数量增至25架。

目前中联航独家运营的南苑机场拥有广州、深圳、成都、重庆、哈尔滨、乌鲁木齐、长春、兰州、西宁、大连、温州、厦门等40余条热门航线，以及佛山、衢州、毕节、安顺、庆阳、嘉峪关等10余条独飞特色航线。北京南苑机场每日起降航班已超过130班，预计全年旅客吞吐量将突破500万人次。

图6-9　中国联合航空航徽

中国联合航空公司企业标志由CUA图形标识和中国联合航空文字标识两部分元素构成，CUA是由“China United Airlines”提取首字母而构成，公司保持着简约高辨识率的航空标识，是中国四大航中名称以“中国”字样开头的国有航空公司，其独有的品牌历史及“国字头优势”使公司保持着独具竞争力的市场价值。

代码：KN。数字代码：822。重组后的中国联合航空有限公司秉承“安全高效、诚信为本、顾客至上、追求卓越”的经营宗旨。如图6-9所示。

10. 春秋航空股份有限公司（http://www.ch.com/）

春秋航空股份有限公司（以下简称春秋航空）作为中国首批民营航空公司之一，定位于低成本航空业务模式，主要从事国内、国际及港澳航空客货运输业务，以及与航空运输业务相关的服务。从2005年首航起至2013年末，春秋航空规模已扩张39架飞机、64条国内外在飞航线，成为目前国内旅客运输量、周转量最大的民营航空公司及大中华地区领先的低成本航空公司。

IATA代码：9C。ICAO代码：CQH。三个S在春秋航空中分别代表：Smile微笑，Service服务，Security安全。如图6-10所示。

春秋航空
SPRING AIRLINES

图6-10　春秋航空航徽

11. 奥凯航空有限公司（http://bk.travelsky.com）

奥凯航空有限公司是中国大陆第一批获得批准成立的民营资本控股的航空公司，是大陆第一家民营航空公司。总部位于北京，主要基地为天津滨海国际机场。作为在天津启航的民营航空公司，奥凯航空有限公司（以下简称奥凯航空）始终以服务天津经济建设为己任，围绕天津的区域发展和民航发展需求，不断拓展航空市场。

2013年，奥凯航空陆续引进3架波音737-800客机，逐步更新现有机队，提高旅客乘机舒适度。2013年夏秋航季奥凯新开长沙—青岛—沈阳航线、长沙—重庆—兰州航线，更加丰富长沙基地航线网络，加大华东、西北、东北等传统旅游热点城市航线的投入。截至2013年，奥凯航空在国内通航城市达25个(直航11个)，比2012年同期增加4个，初步形成了3个干线枢纽航班基地。

图6-11　奥凯航空航徽

祥云抽象图案是奥凯航空的企业标志。如图6-11所示。

12. 成都航空有限公司(http://www.chengduair.cc/)

成都航空有限公司(以下简称成都航空)，主营运地在成都双流国际机场，前身为鹰联航空有限公司。2013年，成都航空共完成22204个飞行架次，43028个飞行小时，运送旅客2597993人次。

2013年，成都航空在航线拓展上加大了对旅游航线的运力投入，结合自身运力对成都航空出发和始发航线进行了调整，增开成都—桂林—深圳、昆明—桂林—厦门往返新航线，复航成都—武汉—台州往返航线，增加丽江、三亚的每日航班班次。

成都航空图形标志(图6-12)由代表成都市的太阳神鸟构成，线条简练流畅，极富韵律，充满强烈的动感，富有极强的象征意义和极大的想象空间，体现了人类对太阳神鸟的强烈崇拜，表达了蜀人对生命和运动的讴歌。其外层4鸟代表四鸟负日，也代表春夏秋冬四季轮回，内层12道芒纹代表一年十二个月周而复始。这是古人崇拜太阳的物证，也是向往天空的体现，与成都航空的行业属性有机地结合在一起。

图6-12　成都航空航徽

13. 上海吉祥航空股份有限公司(http://www.juneyaoair.com/)

上海吉祥航空股份有限公司(简称吉祥航空或Juneyao Airlines)是国内著名民营企业均瑶集团的全资子公司，是一家以上海为基地的新兴民营航空公司，是均瑶集团所属的上海均瑶(集团)有限公司和上海均瑶航空投资有限公司共同投资筹建的民营资本航空公司。公司英文名字以均瑶(JuneYao)命名。该公司于2005年6月经中国民用航空总局(现中国民用航空局)和上海市政府批准筹建。

吉祥航空主要从事国内(指中国大陆地区)、港澳台地区及周边国家的航空客、货运输以及相关航空服务业务。吉祥航空以上海两大机场(虹桥机场和浦东机场)为主运营基地和枢纽机场，建立了基本覆盖国内经济发达省会城市、重点旅游城市、香港和澳门、台湾地区并辐射周边国家的航线网络。

吉祥航空以上海为主运营基地，2011—2013年，吉祥航空在上海机场的进出港班次占上海机场航班起降数量的比例由5.74%提高至7.96%，运送旅客数量占上海机场旅客吞吐量的比例也由5.83%增加至7.80%。在上海航空市场快速发展的同时，吉祥航空凭借较强的细分市场竞争优势不断扩大在该领域的市场份额，行业地位持续提高。

截至2013年末，吉祥航空共拥有34架平均机龄仅为3.14年的A320系列飞机，与国内其他主要航空公司相比具有显著的年轻化优势。

代码：HO。数字代码：018。标志含义：吉祥航空将“吉祥凤凰”作为企业的标识，力求通过对中国传统文化的国际化阐释，在中国航空界和国际航空界塑造一个为客户提供舒心优质服务的百年航空品牌。吉祥航空公司标志的创意灵感来自以吉祥凤凰为图案的中国古代的圆形玉佩。如图6-13所示。

图6-13　吉祥航空航徽

14. 大连航空有限责任公司（http://www.dalianair-china.com/）

大连航空有限责任公司（以下简称大连航空）成立于2011年，注册资本为10亿元，国航持有80%股权。截至2013年12月31日，大连航空机队共有飞机6架，平均机龄2.75年。全年引进飞机2架。截至2013年12月31日，大连航空经营15条国内航线，通航16个国内城市。

15. 贵州航空有限公司（http://guiyang023644.11467.com/）

贵州航空有限公司（以下简称贵州航空）是由中国南方航空股份有限公司和贵州省人民政府共同出资组建，股权比例为南航60%、贵州省40%。现机队规模13架，由B737-700和B737-800组成。截至2013年底，贵州航空已累计安全飞行33万小时，实现安全飞行21年的目标。

贵州航空在贵州市场的航线主要覆盖以上海为中心的华东地区、以北京为中心的华北地区、以广州为中心的华南地区、以重庆和成都为中心的西南地区以及贵阳至台北的定期航线。国际航线有贵阳至达卡、贵阳至普吉等南亚、东南亚航线，日韩包机航线，构成覆盖较全的航线网络，建立了丰富的市场营销网络体系，是南航在西南地区的重要基地。20余年来，贵州航空是贵阳机场从事航空干线运输业务量最大的航空公司，占贵阳机场业务量近40%，市场份额位居贵州市场第一位。

16. 华夏航空有限公司（http://www.chinaexpressair.com/）

华夏航空有限公司（以下简称华夏航空）经中国民用航空局批准成立，总部设在贵州省贵阳市，是一家专门从事中国国内支线航空客货运输业务的中外合资航空公司。

2013年，华夏航空在市场拓展上的重要举措是强化和新增了重庆基地和大连基地。2013年3月，华夏航空在大连设立飞机过夜停场地，通过在大连投放过夜运力，华夏航空通过其区位优势和完善的国内外航线网络，促进华夏航空在以重庆为中心的支线航空市场真正形成“以支辅干，以干繁支”“干支结合”的良性循环，打造适合经济发展的通航点布局以及完善的干支结合网络。

航徽基本元素为一只展翅高飞的鸽子。鸽子纯洁美丽，忠诚守信，是和平的象征。鸽子有极强的适应能力和跋山涉水的勇气，并有敏锐的思维判断能力，无论是何种情况都不能使它迷失方向。如图6-14所示。

图6-14　华夏航空航徽

17. 云南祥鹏航空有限责任公司（http://www.luckyair.net/）

云南祥鹏航空有限责任公司（以下简称祥鹏航空）是海航集团下属成员企业，公司注册地为云南省昆明市，运营基地为云南省昆明市和丽江市。2006年2月26日，祥鹏航空顺利开航。开航以来，祥鹏航空不断引进新运力。2008年6月，云南省国资委与海航集团签署战略合作协议，双方共建祥鹏航空。

2013年，祥鹏航空航班飞行涉及26省区（直辖市）、42个国内城市、45条国内航线。祥鹏航空云南市场份额约为12%，居于第三位。加上海南航空、西部航空、首都航空等，海航集团在云南的市场份额约为17%，位居第二位。

2013年，祥鹏航空主要经营活动如下：首次引入可执行高高原航线的新机型。2013年5月和6月，祥鹏航空连续引进2架B737-700高高原飞机。5月20日，祥鹏航空正式获得由中国民用航空局颁发的扩大经营范围许可。自此，祥鹏航空正式获得国内(含港澳台)航空客货运输业务、至周边国家的国际航空客货运输业务经营权。8月22日，祥鹏航空丽江运营基地成立。

代码：8L。数字代码：859。标志含义：在汉语中，“祥”有吉祥、安康之意。在藏语的意思是得到你应该得到的。鹏是大鹏金翅鸟，大鹏金翅鸟传说是由慈悲金刚手菩萨化现；大鹏可乘旋风直飞九万里高空，遏绝云端，气冲霄汉。如图6-15所示。

图6-15　祥鹏航空航徽

18. 河北航空有限公司(http://www.hbhk.com.cn)

河北航空有限公司是经中国民航局批准，由河北航空投资集团有限公司控股、四川航空集团公司和沈阳中瑞公司参股的现代化航空公司。

2013年，河北航空有限公司(以下简称河北航空)全年引进飞机2架，河北航空机队规模增至10架。自成立3年来，河北航空公司积极进取，稳健发展，从干租到湿租，再到实现自主运营，目前已拥有波音737-800、波音737-700、E190型飞机共10架。基地：石家庄正定国际机场。

2013年，河北航空立足“走出去”的市场拓展战略，4月新设温州过夜基地。面对激烈的市场竞争和多元的旅客需求，河北航空在安全运行的基础上不断优化航线结构，合理安排投放运力。2013年，河北航空新增和调整了石家庄—南京—厦门、石家庄—杭州—三亚等12条航线，实现了规模、效益双突破。截至2013年底，在全国旅客吞吐量排行前20位的机场中，河北航空已经在16个机场成功通航。

IATA代码：NS。ICAO代码：HBH。标识以河北省简称“冀”的首字母“J”为原型，写意为一只振翅高飞的雄鹰翅膀，意为一只在蓝色天空和红色朝阳组成的广阔天地间自由翱翔的雄鹰，有“鹰击长空，翱翔万里”之意。红色和蓝色亦可体现出河北环京津、环渤海的独有特征。寓意着河北航空勇于开拓、锐意进取、追求卓越的精神，必将成为河北经济社会科学发展的腾飞之翼。如图6-16所示。

图6-16　河北航空航徽

第七节 中国航空运输相关资源

一、中国民航信息网络股份有限公司(http://www.travelsky.net/)

中国民航信息网络股份有限公司(以下简称中航信)是中国民航信息集团旗下的核心企业，是中国航空旅游业信息科技解决方案的主导供应商。公司标志如图6-17所示。

核心业务：中航信致力于开发领先的信息产品及信息服务，以满足国内航空公司、机场、非航空旅游产品和服务供应商、分销代理人、机构客户、民航旅客及货运商等所有行业参与者进行电子交易及管理与旅游相关信息的需求。

中国航信 TravelSky　中国民航信息网络股份有限公司 TravelSky Technology Limited

图6-17　中国民航信息网络股份有限公司标志

中航信的核心业务集中在电子旅游分销（ETD）、机场旅客处理（APP）、数据网络、航空货运（ACS）及基于互联网的旅游平台共5个重要领域。

二、中国航空油料集团公司（http://www.cnaf.com/）

中国航空油料集团公司
China National Aviation Fuel

图6-18　中国航空油料集团公司标志

中国航空油料集团公司成立于2002年10月11日，是以中国航空油料总公司及所属部分企事业单位为基础组建的国有大型航空运输服务保障企业，是国家授权投资机构和国家控股公司试点企业。集团公司负责经营集团公司及其投资企业中由国家投资形成的全部国有资产和国有股权。公司标志如图6-18所示。

主营业务：在国内外从事航空油料及其他成品油的批发、储存和零售业务；航空油料、各种航油供应设备及与航油供应有关的特种车辆等进出口经营业务；工程设计、承包，供油系统工程及其他配套项目建设的监理业务；上述经营范围的技术咨询、技术服务、培训业务；经有关部门批准，从事国内外投融资业务；经营国家批准或允许的其他业务等。

集团公司现有包括中国航空油料总公司、中国航油集团陆地石油公司、海天航运有限公司在内的全资、控股子公司11个，参股公司6个，并在美国设有驻外办事处。作为中国最大的航空运输服务保障企业，中国航油已在全国94个机场建设油库155座，总储油能力达140万m^2，拥有独立、完整、覆盖全国的航油供应体系，综合功能和服务效能均达到较高水平。

三、中国航空器材进出口集团公司（http://www.casc.com.cn/）

中国航空器材进出口集团公司是在中国航空器材进出口总公司基础上组建的国有企业，经国务院同意的进行国家授权投资的机构和国家控股公司的试点公司。集团公司注册资本为人民币10亿元。公司标志如图6-19所示。

图6-19　中国航空器材进出口集团公司标志

核心业务：公司在全国各地及国外有关地区设有分支机构，与众多国家和地区的厂商保持着广泛的业务联系和密切的合作关系。自1980年以来，公司先后办理购买和租赁飞机1200余架，进口了大量机场配套设施、专用车辆及大型的空中交通管制系统和校验设备。同国内外民用航空产品制造厂商开展工业合作，对中国民航的对外交流和技术进步起到了重要的作用。

公司与波音、空客、GE、罗罗、普惠等飞机、发动机生产厂商合作，在北京建立了大型零备件供应服务中心，开展零备件寄售和送修业务；并同空客公司和普惠公司合作建立航空培训中心和发动机维修培训中心，有效提升产品售后服务，为保证飞行安全和飞行正常做出了积极的贡献。

简答题

1. 简述我国航空区划情况。
2. 简述我国主要航线、机场的空间布局特点。
3. 简述我国机场业务分布特点。
4. 简述我国航空公司业务分布特点。

世界航空运输地理

本章重点

- 掌握世界航空运输区划。
- 掌握世界主要国家的自然环境与经济环境特点。
- 掌握世界主要国家地理环境对航空运输的影响。
- 掌握世界主要国家的航空运输资源情况。

第一节 世界航空区划

出于保证国际航空运输的运营安全，以及国际民航组织（ICAO）规定各国航空运输企业在技术规范、航行程序、操作规则上的一致性原则。国际航空运输协会（IATA）将世界划分为三个航空运输业务区，称为“国际航协交通会议区”（IATA Traffic Conference Areas），以方便各国及地区航空运输企业之间的运输业务划分与合作。

国际航空运输协会（IATA）将全球划分为三个航空运输业务区，分为Area TC1、Area TC2、Area TC3三个大区，简称TC1、TC2、TC3，其下又可以进行次一级的分区，称为次区（Sub-area）。

一、一区

TC1 包括：南北美洲大陆及其邻近的岛屿，还包括格陵兰、百慕大、西印度群岛、加勒比群岛以及夏威夷群岛。IATA 又把一区细分为以下四部分：

1. 北美洲次区

北美洲次区包括阿拉斯加、加拿大、美国大陆、夏威夷、墨西哥、圣皮埃尔和密克隆。

2. 中美洲次区

中美洲次区包括伯利兹、哥斯达黎加、萨尔瓦多、危地马拉、洪都拉斯、尼加拉瓜。

3. 南美洲次区

南美洲次区包括阿根廷、玻利维亚、巴西、智利、哥伦比亚、厄瓜多尔、法属圭亚那、圭亚那、巴拿马、巴拉圭、秘鲁、苏里南、乌拉圭、委内瑞拉。

4. 加勒比次区

加勒比次区包括巴哈马、百慕大、加勒比群岛、圭亚那、法属圭亚那、苏里南。注意：南美洲次区和加勒比次区有一部分是重合的。

另外，当使用一区和二/三区间经大西洋航线的运价时，一区还可以划分为以下三个次区。

1. 北大西洋次区

北大西洋次区包括加拿大、格陵兰、墨西哥、圣皮埃尔和密克隆、美国(包含阿拉斯加、夏威夷、波多黎各、美属维尔京群岛)。

2. 中大西洋次区

中大西洋次区包括安圭拉、安提瓜和巴布达、阿鲁巴、巴哈马、巴巴多斯、伯利兹、百慕大、玻利维亚、开曼群岛、哥伦比亚、哥斯达黎加、古巴、多米尼克、多米尼加共和国、厄瓜多尔、萨尔瓦多、法属圭亚那、格林纳达、瓜德罗普、危地马拉、圭亚那、海地、洪都拉斯、牙买加、马提尼克、蒙特赛拉特、荷属安的列斯、尼加拉瓜、巴拿马、秘鲁、圣基茨和尼维斯、圣卢西亚、圣文森特和格林纳丁斯、苏里南、特立尼达和多巴哥、特克斯和凯科斯群岛、委内瑞拉、英属维尔京群岛。

3. 南大西洋次区

南大西洋次区包括阿根廷、巴西、智利、巴拉圭、乌拉圭。

二、二区

TC2包括：欧洲、非洲及其邻近岛屿，包含阿松森岛及乌拉尔山以西部分(包括伊朗)的亚洲部分。注意：IATA定义的欧洲次区除了包括地理上的欧洲外，还应加上突尼斯、阿尔及利亚、摩洛哥、加纳利群岛、马德拉群岛及塞浦路斯和土耳其的亚洲部分。IATA又把二区细分为如下三部分：

1. 欧洲次区

欧洲次区包括阿尔巴尼亚、阿尔及利亚、安道尔、亚美尼亚、奥地利、阿塞拜疆、白俄罗斯、比利时、波斯尼亚和黑塞哥维那、保加利亚、克罗地亚、塞浦路斯、捷克共和国、丹麦、爱沙尼亚、法罗群岛、芬兰、法国、格鲁吉亚、德国、直布罗陀、希腊、匈牙利、冰岛、爱尔兰、意大利、拉脱维亚、列支敦士登、立陶宛、卢森堡、马其顿、马耳他、摩纳哥、摩尔多瓦、摩洛哥、荷兰、挪威、波兰、葡萄牙(包括亚速尔群岛和马德拉群岛)、罗马尼亚、俄罗斯(乌拉尔山以西部分)、圣马力诺、斯洛伐克、斯洛文尼亚、西班牙(包括巴利阿里群岛和加那利群岛)、瑞士、瑞典、突尼斯、土耳其、乌克兰、英国、南斯拉夫。

另：IATA的欧洲次区还可划分为以下几个小区：

(1)斯堪的纳维亚：包括丹麦(格陵兰除外)、挪威、瑞典(运价计算时，上述三国应被视为同一国)。

(2)欧共体航空区域，英文称为European Commom Aviation Area，缩写为ECAA，包括奥地利、比利时、丹麦、芬兰、法国、德国、希腊、冰岛、爱尔兰、意大利、列支敦士登、卢森堡、荷兰、挪威、葡萄牙、西班牙、瑞典、英国。

2. 非洲次区

该次区由下列小区组成：

(1)中非：包括马拉维、赞比亚、津巴布韦。

(2)东非:包括布隆迪、吉布提、厄立特里亚、埃塞俄比亚、肯尼亚、卢旺达、索马里、坦桑尼亚、乌干达。

(3)南非:包括博茨瓦纳、莱索托、莫桑比克、纳米比亚、南非、斯威士兰。

(4)西非:包括安哥拉、贝宁、布基纳法索、喀麦隆、佛得角、中非共和国、乍得、刚果(布)、刚果(金)、科特迪瓦、赤道几内亚、加蓬、冈比亚、加纳、几内亚、几内亚比绍、利比里亚、马里、毛里塔尼亚、尼日尔、尼日利亚、圣多美和普林西比、塞内加尔、塞拉利昂、多哥。

(5)印度洋岛屿:包括科摩罗、马达加斯加、毛里求斯、马约特、留尼汪、塞舌尔。

(6)利比亚(利比亚属于非洲次区,但不属于上述任何小区)。

注意:地理上的非洲比IATA区域定义的要广,还包括阿尔及利亚、加那利群岛、埃及、马德拉群岛、摩洛哥、突尼斯、苏丹;但上述国家在IATA区域的划分中分属于欧洲和中东次区。

3. 中东次区

中东次区包括巴林、埃及、伊朗、伊拉克、以色列、约旦、科威特、黎巴嫩、卡塔尔、沙特阿拉伯、苏丹、阿曼、叙利亚、阿联酋、也门。

三、三区

TC3包括:亚洲及其邻近岛屿(不包括二区内的)、东印度群岛、澳大利亚、新西兰以及太平洋中的群岛(不包括一区内的)。IATA又把三区细分为如下四部分:

1. 南亚次大陆(South Asian Subcontinent——SASC)

南亚次大陆包括阿富汗、孟加拉、不丹、印度、马尔代夫、尼泊尔、巴基斯坦、斯里兰卡。

2. 东南亚次区(South East Asia Sub-area——SEA)

东南亚次区包括文莱、柬埔寨、中国、圣诞岛、澳属科科斯群岛、关岛、印度尼西亚、哈萨克斯坦、吉尔吉斯斯坦、老挝、马来西亚、马绍尔群岛、密克罗尼西亚、蒙古、缅甸、北马里亚纳群岛、帕劳、菲律宾、俄罗斯(乌拉尔山以东)、新加坡、塔吉克斯坦、泰国、土库曼斯坦、乌兹别克斯坦、越南。

3. 西南太平洋次区(South West Pacific Sub-area——SWP)

西南太平洋次区包括美属萨摩亚、澳大利亚、库克群岛、斐济、法属波利尼西亚、基里巴斯、瑙鲁、新喀里多尼亚、新西兰、纽埃、巴布亚新几内亚、萨摩亚、所罗门群岛、汤加、图瓦卢、瓦努阿图、瓦利斯和富图纳群岛以及中间的所有岛屿。

4. 东亚次区

东亚子区包括日本、朝鲜民主主义人民共和国、大韩民国。

第二节
一区主要国家航空运输地理

一、加拿大（Canada，CA）

加拿大为北美洲最北的国家，西抵太平洋，东迄大西洋，北至北冰洋，东北部和丹麦领地格陵兰岛相望，东部和法属圣皮埃尔和密克隆群岛相望，南方与美国本土接壤，西北方与美国阿拉斯加州为邻。领土面积为998万km^2，位居世界第二。加拿大素有“枫叶之国”的美誉。加拿大是一个高度发达的资本主义国家，得益于丰富的自然资源和高度发达的科技，使其成为世界上拥有最高生活品质、社会最富裕、经济最发达的国家之一，是世界上最大最重要的钻石生产国之一。加拿大在教育、政府的透明度、社会自由度、生活品质及经济自由的国际排名都名列前茅。同时，其也是八国集团、北约、联合国、法语圈国际组织、世界贸易组织等国际组织的成员。

1. 自然环境

（1）地理位置

加拿大位于北美洲北部，西临太平洋，东濒大西洋，约在北纬41°～83°、西经52°～141°之间，西北部邻美国阿拉斯加州，东北与格陵兰（丹麦实际控制）隔戴维斯海峡遥遥相望，南接美国本土，北靠北冰洋达北极圈。

（2）地形地貌

加拿大东部为丘陵地带，南部与美国接壤的大湖和圣劳伦斯地区，地势平坦，多盆地。西部为科迪勒拉山区，是加拿大最高的地区，许多山峰在海拔4000m以上。北部为北极群岛，多系丘陵低山。中部为平原区。最高山洛根峰，位于西部的洛基山脉，海拔为5951m。

（3）气候

加拿大因受西风影响，大部分地区属大陆性温带针叶林气候。东部气温稍低，南部气候适中，西部气候温和湿润，北部为寒带苔原气候。北极群岛终年严寒。中西部最高气温达40℃以上，北部最低气温低至零下60℃。

（4）自然资源

加拿大地域辽阔，森林覆盖面积占全国总面积的44%，居世界第六。森林面积4亿多公顷（居世界第三，仅次于俄罗斯和巴西），以亚寒带针叶林为主，产材林面积286万km^2，分别占全国领土面积的44%和29%；木材总蓄积量约为190亿m^3。加拿大领土面积中有89万km^2为淡水覆盖，可持续性淡水资源占世界的7%。加拿大矿产有60余种，主要有（世界排名）：钾（44亿t，第一）、铀（43.9万t，第二）、钨（26万t，第二）、镉（55万t，第三）、镍（490万t，第四）、铅（200万t，第五）等（2007年统计）。原油储量仅次于沙特居世界第二，其中97%以油砂形式存在。已探明的油砂原油储量为1732亿桶，占全球探明油砂储量的81%。

2. 经济环境

加拿大是西方七大工业化国家之一，制造业、高科技产业、服务业发达，资源工业、初级制造业和农业是国民经济的主要支柱。加以贸易立国，对外贸依赖较大，经济上受美国影响较深。加拿大的石油行业一直是经济增长的主要动力，推动加国贸易转亏为盈，并有很大量的投资。与很多先进经济体一样，精炼石油产品的国内需求平稳，但原油生产商仍可透过加东的炼油厂，扩大加国境内的市场。加拿大可说是原油净出口国，但东部省份的炼油厂向来依赖进口石油，因为在全国各地运送加西原油的成本更高。尽管美国增产页岩油，然而由于加国接近美国，并有庞大的管道网络，对美国的出口仍有增长，2014年原油占加国货物出口约18%。加拿大联邦和各省政府经营多种国际保险业务成为经济一大亮点，包括出口信用保险和投资保险。早在1945年制定、颁布了出口信用保险法；在1947年建立了出口信用保险公司，保险监管采取的是两级监管的模式，即联邦和省两级，保护加拿大本国的海外投资者的投资资本、投资收入，弥补因各种商业和政治风险造成的出口收汇和资本及收益的损失，有力地促进了加拿大国际贸易发展和本国保险人在国际市场上的竞争地位。保险业资产位居加拿大金融业第二位。目前加拿大非寿险公司有近400家。农业、食品业是加拿大经济重要的组成部分，占其国内生产总值的8%。加拥有耕地面积4600万公顷，主要在西部，占国土总面积的5%，产物主要有：小麦、燕麦、大豆、油菜籽、大麦、红肉类（牛、猪和羊）、水果、蔬菜、酒类、烟草、饮料等，出口美国占大宗，约占总量的60%。安大略省和魁北克省主产红肉类和乳制品。

（1）农业

2011年农、林、渔业总产值290.56亿加元，占国内生产总值的2.29%。主要种植小麦、大麦、亚麻、燕麦、油菜籽、玉米、饲料用草等作物。可耕地面积约占国土面积16%，其中已耕地面积约6758.67万公顷，占国土面积8%。2011年，农业人口30.6万，占全国就业人口的1.64%。加渔业发达，75%的渔产品出口，是世界上最大的渔产品出口国。

（2）工业

制造业和高科技产业发达，制造业、建筑、矿业构成国民产业经济的三大支柱。加拿大在航空航天、有色冶金、信息通信、动力装备、电力水利、纸浆造纸、微电子软件、新能源新材料等产业方面拥有世界领先水平。此外，石油化学、森林建材、时装轻纺、食品饮料、黑色金属等亦为重要工业部门。加拿大工业集团代表有庞巴迪公司（Bombardier Inc.，以制造高级交通工具如喷气飞机、高速列车为主）、加拿大铝业（Alcan Packaging，世界上第二大的金属铝生产者）、ATI（ATI Technologies，显示芯片巨头）、加拿大石油（Petro-Canada，北美第二大的燃油和燃气公司）、动态研究（RIM，黑莓手机，通信巨头）、KANDU（核反应堆，核能综合开发）、Kanadarm（航空航天太空臂）、北电网络（网络设备巨头）等。2011年加制造业总产值1621.97亿加元，占国内生产总值的12.8%，从业人员176万，占全国就业人口的9.41%。建筑业总产值765.06亿加元，占国内生产总值的6.04%，从业人员126.2万，占全国就业人口的6.75%。

（3）能源业

加拿大原油资源潜力可高达3430亿桶，其中90%来自油砂（油页岩）。已探明储量1730亿桶，排名世界第三。2011年，加原油产量12.9亿桶，居世界第六位。截至2009年底，可开采天然气储量为11.9亿m^3，其中9.7亿m^3为常规天然气位。可开采煤矿资源66亿t，按产量可开采100年。2011年，加能源领域总产值超过占国内生产总值的6.9%，净出口约560亿加元。其中，原油产量近11亿桶，天然气产量约1510亿m^3，是世界第三个天然气生产国。截至2010年底，加拿大各类发电站总装机容量130543百万瓦。其中，水力发电75077百万瓦，风力发电3973百万瓦，潮汐能发电20百万瓦，太阳能发电108百万瓦，常规汽轮机发电25491百万瓦，核汽轮机发电12665百万瓦（在安大略、魁北克、新不伦瑞克三个省设有5个核电站、22个核反应堆），燃气轮机发电12406百万瓦，内燃涡轮发电803百万瓦。主要不同的地方在于省是根据宪法条约所设立的，但地区是据联邦法律所设立的。所以地区由联邦政府直接管辖，省由各省所确立的政府所管辖。

（4）清洁技术产业

加拿大清洁技术行业包括生物燃料与冶炼、发电、智能电网、工业节能、可持续交通运输、环保、生态农业等领域，是加政府支持的重要制造业领域之一。

（5）生物技术产业

加拿大是世界五大生物技术产业市场之一，在生物技术科学探索和应用的诸多门类中，如医疗卫生、农业、环境技术、工业和生产解决方案等，处于世界领先水平，在生物技术综合指标排名中位居世界第三位。

（6）汽车制造业

加拿大汽车制造业主要生产轻型车包括轿车、面包车、皮卡，重型车包括卡车、公交车、校车、军用车辆等，以及各种类型车辆零配件和电子系统。2012年轿车和轻型卡车产量达246.37万辆，约占世界总产量的3.7%，国内市场销量167.7万辆，均位居世界第十位，年产值达1007亿加元，创造就业岗位55万个。

（7）化学工业

加拿大化学工业年产值424亿加元，拥有2730家公司，创造就业机会7.7万个。化学产品贸易额达688亿加元，其中出口279亿加元，进口409亿加元，进出口市场主要是美国，其中自美进口占60%，对美出口占76%，其他出口市场为英国（占4%）、中国（占3%）、巴西（2%），其他进口国家为德国（5%）、瑞士（4%）、法国（4%）。加化学工业公司主要集中在安大略省，约占41%，依次为魁北克省27%，草原省份占16%，BC省12%，大西洋省份4%。

（8）宇航和国防工业

加拿大航空工业排名全球第五位，拥有700多家公司，年产值达220亿加元，其中80%出口。该行业集中度较高，其中19家公司的销售额约占总额的87%，庞巴迪公司约占销售总额的37%，其余均为中小企业。

（9）矿业

加拿大已探明的金属和非金属矿物超过60种，其中，钾矿探明储量97亿t（占全球储量的57%），2011年产量1120万t，均居世界首位，占全球产量30.3%。铀矿储量57万t，占全球储量15%，高品位、低开采成本的铀矿储量全球最大；2011年产量1.08万t左右，仅次于哈萨克斯坦，占世界产量17.1%。镍储量307万t，占全球储量8%；2011年产量21.2万t，居全球第二位。2011年，钴、铝、石棉、钻石、钛精矿、钨、铂、硫黄等金属和矿产品产量均位居世界前五位。2011年，矿业总产值356亿加元，占国内生产总值的2.8%。

（10）服务业

加服务业发展较快，2006年产值为8131.96亿加元，约占当年国内生产总值的68.4%，从业人员1249.8万，占当年全国总劳动力的71%。

加拿大信息通信业2011年产值达1683亿加元，其中生产领域221亿加元，服务领域1018亿加元，批发销售444亿加元，对国内生产总值贡献672亿加元，约占国内生产总值的4.9%，企业研发投入53亿加元，创造就业岗位55.6万个，45.1%的雇员有大学本科以上学历，主要由小企业组成，拥有3.35万家公司，86%集中在软件和计算机服务领域，6.2%从事信息和通信产品批发，3.1%从事生产，3.9%从事通信服务。

加旅游业十分发达。据世界旅游组织统计，加在世界旅游组织收入最高国家中排名第九。2003年，旅游收入226.66亿加元，占国内生产总值的1.87%。接待外国游客3890.27万人。直接从事旅游服务业的人数56.14万人（2001年）。主要旅游城市有温哥华、渥太华、多伦多、蒙特利尔、魁北克市等。

加经济对外贸依赖严重，主要出口汽车及零配件、其他工业制品、林产品、金属和能源产品；主要进口机械设备、汽车及零配件、工业材料、其他消费品及食品。主要贸易对象是美国、中国、日本、欧盟国家。2011年对美出口额占加出口总额的72.29%。

3. 航空运输

加拿大约有商业飞机4500架，经核准的机场共886个，主要机场68个，包括多伦多、温哥华、卡尔加里和蒙特利尔等国际机场。2001年客运量约595.09亿人公里，货运量约14.2亿吨公里。

（1）主要航空公司

①加拿大航空公司（AC）。加拿大航空（原中文译枫叶航空，简称加航）是加拿大的国家航空公司，总部设在魁北克省蒙特利尔。母公司是ACE Aviation Holdings。枢纽机场有多伦多皮尔逊国际机场、温哥华国际机场、蒙特利尔特鲁多国际机场、卡加利国际机场；重点机场有渥太华国际机场、哈利法斯国际机场。加拿大航空公司是加拿大境内航线、美加越境航线以及往返加拿大国际航线最大的承运航空公司。加拿大航空及其地区子公司加航JAZZ提供客运、货运定期及包机服务，亦为其他航空公司提供维修、地勤及训练服务。加拿大航空航线网络中心位于加拿大多伦多、蒙特利尔、卡尔加里及温哥华，可提供班机直达加拿大城市、美国目的地，以及遍及欧洲、中东、亚洲、澳大利亚、加勒比海地区、墨西哥和南美洲，超过240个目的地、90个度假目的地。加拿大航空公司的子公司加航JETZ，专门提供个性化、舒适的全公务舱特殊包机服务。加航假期作为旅游服务公司，为游客提供精选旅游项目，加航假期在美国、加勒比海地区、中南美洲及亚洲的90余个目的地提供旅游度假套餐。加航货运部向全世界150多个目的地提供航空货运网络服务。

②西捷航空公司。西捷航空（West Jet）为一家以加拿大卡加里市作总部的廉价航空公司，为加拿大第二大航空公司。西捷航空提供客运、货运及包机服务，目的地共有51个，主要在北美洲及墨西哥。目前西捷航空是一家拥有7000多名员工及12亿美元市场资本值的公司。

（2）主要机场

①皮尔逊国际机场（YYZ）。多伦多皮尔逊国际机场邻接密西沙加市，隶属于加拿大国家机场系统。皮尔逊国际机场是加拿大最繁忙的机场，在世界最繁忙机场中排27位，机场服务整个大多伦多地区，并是加拿大航空的主要枢纽。机场的运作曾由加拿大政府运输部

负责，现时则改由非牟利的大多伦多机场管理局负责。

②温哥华国际机场（YVR）。温哥华国际机场（Vancouver International Airport）是位于加拿大不列颠哥伦比亚省列治文市海岛（Sea Island）的一个民用国际机场，是加拿大第二繁忙的国际机场。该机场向大温哥华区域局提供服务，是加拿大航空（Air Canada）以及加拿大越洋航空（Air Transit）的枢纽机场。机场拥有前往亚洲、欧洲、大洋洲、美国和加拿大其他主要机场的直飞航班。

③皮埃尔•埃利奥特•特鲁多国际机场（YUL）。蒙特利尔皮埃尔•埃利奥特•特鲁多国际机场简称蒙特利尔特鲁多机场或特鲁多机场，前称多佛尔国际机场。它位于加拿大魁北克省蒙特利尔市以西，多佛尔市境内，作为一所国际机场服务于蒙特利尔与周边地区。机场由“蒙特利尔机场”（ADM）经营与管理，是魁北克省最繁忙的机场，也是加拿大第三繁忙的机场（按旅客），排在多伦多皮尔逊国际机场与温哥华国际机场之后。机场提供直飞非洲、中美洲、南美洲、加勒比海地区、欧洲、美国、墨西哥和加拿大其他城市的直飞航班。它是加拿大唯一一座拥有直飞非洲航班的机场，同时也拥有北美最大的免税商店。蒙特利尔特鲁多机场同时是加拿大最大的航空公司加拿大航空与Air Transat的总部所在地。它刚刚完成了7亿多加元的扩建工程。

④米拉贝尔国际机场（YMX）。米拉贝尔机场最早是按蒙特利尔的首要机场而且是国际机场来规划的，准备替代和补充那时认为已经没有多大发展前途的多尔瓦机场。每年有大批旅客进出该机场。米拉贝尔机场专业的保障能力，吸引了众多航空公司在该机场开通航线。蒙特利尔是欧洲—加拿大航线重要的中转站，飞机需要在蒙特利尔降落、加油，然后飞到多伦多以东的地区，蒙特利尔的多瓦尔机场（皮埃尔—特鲁多国际机场，离市区大概20km）已然不堪重负，附近居民也因飞机巨大的噪声而频频投诉。加之加拿大经济那时正在腾飞，蒙特利尔又拿到了1976年奥运会的举办权，感觉形式一片大好的当局便在蒙特利尔远郊（离市区55km）砸钱修建一个全新的现代化机场。

4. 主要城市

（1）渥太华（YOW）

渥太华是加拿大的首都，全国第六大城市，面积2778km^2，位于安大略省东南部，渥太华河南岸，多伦多以东400km，蒙特利尔以西190km。渥太华在1826年9月26日以“拜顿”之名建立，为爱尔兰和法国的基督教乡镇，1850年1月1日合并为一个城镇，并于1855年1月1日以“渥太华”之名合并取代，并不断发展成为加拿大的政治和工业技术中心，现在已成为一个具有多元文化、高水准生活水平、低失业率的大城市。截至2014年，渥太华市区有870250人，渥太华—加蒂诺形成的都会区域约有1318100人，使其成为人口普查都会区域（CMA）第6的城市，略低于埃德蒙顿都会区（1328300人）。渥太华都会区人口中，英裔占55%，法裔占25%。前者讲英语，后者操法语。此外，华裔占3%左右，人口在加拿大华人聚居城市中排第6。截至2014年，渥太华共实现地区生产总值582亿美元，人均4.4万美元，该市的经济以轻工业为主，有造纸、木材加工、食品、机械制造等工业。第二大经济来源是旅游业。渥太华是一座花园城市，每年有200万左右游客到此观光游览。渥太华市中心区有里多运河通过。里多运河以西为上城，这里围绕着国会山，集中了不少政府机关。坐落在渥太华河畔国会山麓的国会大厦是一片意大利哥特式建筑群，中央陈设着加拿大各省标志的大厅和一个高

88.7m的和平塔。塔的左右分别是众议院和参议院，其后是国会图书馆。国会山正南沿着里多运河的联邦广场中央耸立着国内战争纪念碑。在国会大厦对面的威灵顿大街上云集着联邦政府大厦、司法大楼、最高法院、中央银行等重要建筑。里多运河以东为下城区，这里是法语居民集中的地区，拥有市政厅、国家档案馆等著名建筑。

（2）多伦多（YTO）

多伦多，是加拿大最大城市、安大略省的省会，坐落在安大略湖西北岸的南安大略地区，亦超越芝加哥成为北美洲第四大城市。多伦多是全球最多元化的都市之一，49%的居民是来自全球各国共100多个民族的移民，140多种语言汇集在这个北美大都市，由于这里的犯罪率极低、有怡人的环境，多伦多被评为全球最宜居的城市之一，连续多年占据全球宜居城市排行前十名。多伦多作为加拿大的经济中心，也是世界上最大的金融中心之一。在经济上的领先地位表现在金融、商业服务、电信、宇航、交通运输、媒体、艺术、电影、电视制作、出版、软件、医药研究、教育、旅游、体育等产业。多伦多证券交易所是世界第七大交易所，总部设于市内，有多数加拿大公司在这里上市。多伦多是全球最多元化的都市之一，其丰富多彩的族裔特色，令这座城市缤纷绚丽，绽放无穷魅力。在这里，49%的居民是来自全球各国共100多个民族的移民，140多种语言汇集在这个北美大都市，共同谱写优美和谐的华丽乐章。但同时多伦多也是加拿大消费指数最高的城市。多伦多是一座美丽的城市，有100多个公园，曾多次被评为全球最适宜居住的城市。该地主要观光景点有：国家电视塔、天虹体育馆、皇家安大略博物馆、安大略艺术馆、加登纳陶瓷艺术博物馆、贝塔鞋履博物馆、安大略科学中心、冰球名人堂、东约克广场上安大略华人集资建造的孙中山铜像等。

（3）蒙特利尔（YMQ）

蒙特利尔是一座位于加拿大魁北克省西南部的城市，主要位于圣劳伦斯河中的蒙特利尔岛及周边小岛上。根据2011年人口普查，蒙特利尔人口约为342万，是魁北克省内最大城市、加拿大第二大城市及北美第十五大城市。“蒙特利尔”一词来源于中古法语“Mont Royal”，意思为“皇家山”，至今蒙特利尔城中心的地标皇家山仍以此命名。法语是蒙特利尔的官方语言，也是城市里最常用的语言，使用人口占城市总人口的60.5%，使得蒙特利尔成为世界上仅次于巴黎的第二大法语城市。蒙特利尔曾经是加拿大经济首都，拥有最多的人口及最发达的经济，但是在1976年被安大略省的多伦多超过。如今，蒙特利尔仍然是加拿大最重要的经济中心之一，航空工业、金融、设计、电影工业等行业发达。蒙特利尔被认为是世界最佳居住城市，并被联合国教育、科学及文化组织认定为设计之城。

（4）温哥华（YVR）

温哥华市是加拿大不列颠哥伦比亚省低陆平原地区一沿岸城市。2011年人口普查，温哥华市内有60万人口，而大温哥华人口则达到230万，是加拿大第三大都会，加拿大西部第一大城市。温哥华南部是美国西北部第一大城市西雅图。温哥华电影制片发达，是北美洲继洛杉矶、纽约之后的第三大制片中心，素有北方好莱坞之称。温哥华近年经常在各项世界最佳居住城市的调查中名列前茅。温哥华亦曾于2010年与125km以外的威士拿联手举办冬季奥运会和冬季残奥会。温哥华是BC省和加拿大西部最大的城市，同时也是仅次于多伦多、蒙特利尔的加拿大第三大城市，也是加拿大西海岸最大的工商、金融、科技和文化中心。温哥华公立图书馆藏书丰富，并设有20个分馆，是加拿大最大图书馆之一。温哥华港现时是加拿大最大和最繁忙的港口，以货物总吨数计是北美的第四大港口。此外，温哥华的自然环境深受游客欢迎，令旅游业成为市内继林木业后第二大经济支柱。

二、美国（United States of America，US）

美利坚合众国，简称美国，是由华盛顿哥伦比亚特区、50个州和关岛等众多海外领土组成的联邦共和立宪制国家。

1. 自然环境

（1）地理位置

美国是美洲第二大的国家，领土包括美国本土、北美洲西北部的阿拉斯加和太平洋中部的夏威夷群岛。面积937.261万km^2（其中陆地面积915.8960万km^2，内陆水域面积约20万km^2），如果加上五大湖中美国主权部分约17万km^2，河口、港湾、内海等沿海水域面积约10万km^2，面积为963万km^2，如果只计陆地面积，美国排名第四，仅次于俄罗斯、加拿大、中国。

（2）地形地貌

美国国土地形变化多端，尤其是在西部。东海岸沿海地区有着海岸平原，在南部较为宽广，而在北部较为狭窄。在海岸平原后方的是地形起伏的山麓地带，延伸到位于北卡罗来纳州和新罕布什尔州、高1830m的阿巴拉契亚山脉为止。在阿巴拉契亚山脉以西是美国中西部地带的内部平原，这里相对而言较为平坦，五大湖和密西西比河—密苏里河流域——世界上第四大的河域也位于这里。在密西西比河以西，内部平原的地形开始上升，最后进入美国中部面积广阔而地形特色稀少的大平原。在大平原西部则有高耸的落基山脉，从南至北将美国大陆一分为二，在科罗拉多州的最高峰到达4270m。在以前落基山脉还有频繁的火山活动；现在只剩下一个区域（怀俄明州黄石国家公园的超级火山——可能是世界上最大的活火山）。

（3）气候

美国大部分地区属于大陆性气候，南部属亚热带气候。中北部平原温差很大，芝加哥1月平均气温-3℃，7月24℃；墨西哥湾沿岸1月平均气温11℃，7月28℃。

（4）自然资源

美国自然资源丰富，矿产资源总探明储量居世界首位。煤、石油、天然气、铁矿石、钾盐、磷酸盐、硫黄等矿物储量均居世界前列。其他矿物有铜、铅、钼、铀、铝矾土、金、汞、镍、碳酸钾、银、钨、锌、铝、铋等。战略矿物资源钛、锰、钴、铬等主要靠进口。截至2010年底，美国已探明原油储量206.8亿桶，居世界第13位。已探明天然气储量7.716万亿m^3，居世界第5位；已探明煤储量4910亿t，居世界第一。森林面积约44亿亩（1亩＝666.6m^2），覆盖率达33%。2011年美国原油产量20.65亿桶，进口41.46亿桶，出口10.67亿桶。天然气产量28.58万亿立方英尺（1英尺＝0.3048m），进口3.46万亿立方英尺，出口1.51万亿立方英尺。

2. 经济环境

美国经济体系兼有资本主义和混合经济的特征。在这个体系内，企业和私营机构做主要的微观经济决策，政府在国内经济生活中的角色较为次要；然而，各级政府的总和却占国内生产总值的36%；在发达国家中，美国的社会福利网相对较小，政府对商业的管制也低于其他发达国家。

美国有高度发达的现代市场经济，是世界第一经济强国。20世纪90年代，以信息、生物技术产业为代表的新经济蓬勃发展，受此推动，美经济经历了长达十年的增长期。在美国各地区，经济活动重心不一。例如：纽约市是金融、出版、广播和广告等行业的中心；洛杉矶是电影和电视节目制作中心；旧金山湾区和太平洋沿岸西北地区是技术开发中心；中西部是制造业和重工业中心，底特律是著名的汽车城，芝加哥是该地区的金融和商业中心；东南部以医药研究、旅游业和建材业为主要产业，并且由于其薪资成本低于其他地区，因此持续地吸引制造业的投资。

2001年美国经济在经历长达十年的增长后陷入短暂衰退，之后进入新一轮繁荣期。2013年，美国国内生产总值达到16.8万亿美元，居世界国家和地区第1名。人均国内生产总值53142.89美元，居世界国家和地区第10名。

（1）农业

美国农业高度发达，机械化程度高。2009年共有农场220万个，耕地面积9.2亿英亩（1英亩＝4046.856m^2）。2010年美国粮食产量约占世界总产量的16.5%。2011年农产品出口总额为1374亿美元，中国首次成为美国农产品最大出口市场，出口额接近200亿美元，出口产品包括大豆、棉花、坚果和毛皮等。2011年农业产值约占国内生产总值的1.2%。农、林、渔等部门就业人数约占总就业人口的0.7%。

（2）工业

2011年，美国工业生产增长率约为4.1%，占当年美国国内生产总值的19.2%。工业就业人数约占全部就业人口的20.3%。制造业在工业中占有主导地位，产值约占美国国内生产总值的11%，是美国经济的重要基础支柱。美国产业转型加快，制造业所占比重呈下降趋势，劳动密集型产业进一步被淘汰或转移到国外。与此同时，信息、生物等高科技产业发展迅速，利用高科技改造传统产业也取得新进展。美国主要工业产品有汽车、航空设备、计算机、电子和通信设备、钢铁、石油产品、化肥、水泥、塑料及新闻纸、机械等。

（3）服务业

2011年服务业创造的产值约占国内生产总值的79.6%。据估计，各项服务行业就业人数约1.2亿，占总就业人口的79.1%，其中管理、专业、技术类领域就业人数占总就业人数的37.3%，销售等领域就业人数占24.2%，其他服务行业占17.6%。

（4）对外贸易

美国是世界上第一大进口国和第三大出口国。2010年3月，奥巴马签署行政法令《国家出口倡议》，加大对美国出口企业的支持力度。美国主要出口商品为：化工产品、机械、汽车、飞机、电子信息设备、武器、食品、药品、饮料等。主要进口商品为：食品、服装、电子器材、机械、钢材、纺织品、石油、天然橡胶以及锡、铬等金属。

2011年美国前五大货物贸易伙伴为加拿大、中国、墨西哥、日本和德国。美国前五大货物出口市场为加拿大、墨西哥、中国、日本和英国。美国前五大货物进口市场为中国、加拿大、墨西哥、日本和德国。美国商品和服务贸易总额为4.77万亿美元，较2010年增长14.2%；其中出口额2.11万亿美元，同比增加14.6%；进口额2.67万亿美元，同比增加14.0%；逆差5600亿美元，同比增加12.0%。按中方统计，2011年中美货物贸易额达4466.5亿美元，同比增长15.9%。其中中国对美出口3245亿美元，同比增长14.5%；中国自美进口1222亿美元，同比增长19.6%。中方顺差2023亿美元，同比增长11.6%。中美互为第二大贸易伙伴。美国是中国第一大出口市场、第六大进口来源地。

（5）交通运输业

美国拥有完整而便捷的交通运输网络，运输工具和手段多种多样。相较于其他西方国家，由于汽车产业在美国的发展相当早，美国许多城市的发展都提前顾虑到了将城市和住宅区搭配道路网络的设计。为了连接国土，美国设计并建造了高通行量、高速度的高速公路，美国的国家交通系统主要是依赖这些高速公路网。当中最重要的是州际高速公路系统的建设。这些高速公路在20世纪50年代经由当时的总统德怀特•艾森豪威尔授权建造。2011年，美国交通运输和仓储业产值为4188亿美元，约占美国经济总量的2.8%，吸纳了约3%的就业人员。

3. 航空运输

美国的航空运输总周转量连续多年排在世界首位，是名副其实的航空强国。美国联邦航空局（FAA，Federal Aviation Administration）是美国运输部下属负责民用航空管理的机构。美国联邦航空局和欧洲航空安全局（EASA，European Aviation Safety Agency）同为世界上主要的航空器适航证颁发者，美国监督和管理民用航空事业的政府机构。其前身是成立于1926年的美国商务部航空司。1958年11月单独成立美国联邦航空局，1967年划归美国运输部领导。

联邦航空局的主要任务是保障民用航空的飞行安全，促进民航事业的发展，但不直接经营民航企业。联邦航空局的机构设置分总部、地区机构和地方机构三级。总部设在华盛顿，是国家的行政立法机构，负责制定民用航空的政策、规划和颁布规章制度、处理国际民用航空事务、领导本系统各地区和地方机构的工作。地区机构是管理本地区民用航空业务的工作机构，负责审查、颁发本地区民用航空领域内各种合格证件和技术业务人员执照，对所辖地方机构实行技术指导和管理。在北美大陆的美国境内共划分为9个地区，各设地区办事处。美国联邦航空局根据所制定的《联邦航空条例》直接实施空中交通管制，为民用航空产品颁发型号合格证、生产许可证和适航证，为航空运输企业颁发营业执照，为机场和各类航空设施颁发合格证等，在民用航空领域内对飞机的设计、生产、使用、维护以及空中运输、地面保障等进行全面的监督、控制和管理。9个地区办公室分别为阿拉斯加地区（Alaskan，缩写AL）、中部地区（Central，缩写CE）、东部地区（Eastern，缩写EA）、大湖区（Great Lake，缩写GL）、新英格兰地区（New England，缩写NE）、西北山区（Northwest Mountain，缩写NM）、南部地区（Southern，缩写SO）、西南地区（Southwest，缩写SW）、西部及太平洋地区（Western-Pacific，缩写WP）。美国航空区划如表7-1所示。

美国航空区划示意表　　表7-1

地　区	城市	机场
新英格兰地区 New England（NE）	马萨诸塞州	波士顿
东部地区 Eastern（EA）	纽约	肯尼迪机场
南部地区 Southern（SO）	佐治亚州	亚特兰大
大湖区 Great Lake（GL）	伊利诺伊州	芝加哥

续上表

地 区	城市	机场
中部地区 Central（CE）	密苏里州	堪萨斯城
西南地区 Southwest（SW）	德克萨斯州	沃斯堡
西北地区 Northwest Mountain（NM）	华盛顿州	西雅图
西部及太平洋地区 Western-Pacific（WP）	加利福尼亚州	洛杉矶
阿拉斯加地区 Alaskan（AL）	阿拉斯加州	安克雷奇

美国幅员辽阔，地广人稀，出行除了自驾外就是乘坐飞机了，美国的航空公司多达数十家，除了几大航空巨头外，还有不少廉价航空，更有专营旅游目的地的航空，以服务各种不同的客户需求。美国航空公司在十多年来经过了若干次并购重组后，现在称得上美国大型航空公司的有：联合航空、达美航空、美国航空以及西南航空。这四家航空公司控制了美国航空运输80%以上的市场。

（1）主要航空公司

①美国联合航空公司（UA）。美国联合航空公司（United Airlines，简称美联航，又称联合航空）是美国一家大型航空公司。美国联合航空公司总部位于美国伊利诺伊州芝加哥市郊，邻近其主要枢纽机场芝加哥奥黑尔国际机场。美联航是星空联盟（Star Alliance）的创始成员之一。

2011年11月30日，美联航与美国大陆航空达成合并协议，双方的合并程序逐步进行，两家公司先后在均有业务的机场进行航站柜台、登机位等地勤服务的搬迁整合和标志更换。同时，联合航空“红地毯贵宾室”（Red Carpet Club）与大陆航空贵宾室（Presidents Club）合并成为联合航空贵宾室（United Club）。2012年3月3日，美国大陆航空的飞行常客奖励计划“翼通天下”（One Pass）并入美联航“前程万里”（Mileage Plus）计划，大陆航空品牌也在同日起正式消失。

美联航要经营美国中西部及西岸国内航线网络，跨越大西洋及太平洋等洲际航线。开拓国际航线为联合航空带来更多高消费乘客，避开美国本地市场来自廉价航空公司的竞争。

美联航通过联航、联航快运和泰德（Ted）航空每天运营的3700多个航班从其在芝加哥、丹佛、洛杉矶、旧金山和华盛顿特区的航空枢纽港飞往美国国内以及国际的210多个目的地城市。美国联合航空公司可以通过其营销计划，安排美国六个地区航空公司经营联航快运品牌，提供连接航班网络。美联航在亚太地区、欧洲及拉丁美洲拥有主要的全球航权，航线网络遍布北美、欧洲、亚洲、拉丁美洲、中东。

美联航是前往夏威夷及亚洲航线的最大美国航空公司；并是在百慕大Ⅱ协议中，两家可以飞往伦敦希思罗国际机场的美国航空公司之一，及唯一一家由美国本土大陆飞往澳洲的美国航空公司。美联航还是历史上唯一飞往越南和科威特的美国航空公司。美联航主要开拓国际航线，包括中国，开办由芝加哥及旧金山前往北京及上海的每日直飞航班，2007年开通连接中美两国首都华盛顿与北京的不停站每日直飞航班。

美联航是星空联盟的创始成员之一，通过该联盟为其客户提供去往世界各地162个国家和地区的975个目的地城市的航班服务。美联航通过星空联盟以及地区性合作伙伴的代码共享航班将搭乘美联航的便利拓展到美联航航线以外的城市。

截至2015年4月15日，美联航共运营702架客机，平均机龄13.5年。

②达美航空公司（DL）。达美航空公司（Delta Air Lines）是一家总部位于美国乔治亚州亚特兰大的航空公司。达美航空公司（通常简称达美航空，常被译为“三角洲航空”或“德尔塔航空”）。达美航空是“天合联盟”（Sky Team）的创始成员航空公司之一。达美航空成立于1928年。2008年，达美航空与西北航空合并，组建成为达美航空，并将公司总部设在了亚特兰大与明尼苏达。美国达美航空公司是美国第三大航空公司，总部位于亚特兰大，拥有近700架飞机，全球员工人数超过75000人。作为天合联盟的创始会员，达美每天可为乘客提供13000多次航班，在全球多个机场均设有达美的航空枢纽。达美航空凭借业界领先的全球网络，服务范围覆盖了世界六大洲64个国家的351个目的地。乘客可在官方网站上办理登机手续、打印登机牌、托运行李和查询航班情况。

枢纽机场：阿姆斯特丹史基浦机场、亚特兰大哈兹菲尔德—杰克逊国际机场、底特律都会韦恩县机场、明尼阿波利斯—圣保罗国际机场、盐湖城国际机场、辛辛那提/北肯塔基国际机场、纽约肯尼迪国际机场、巴黎戴高乐机场、东京成田国际机场、纽约肯尼迪国际机场、纽约拉瓜地亚机场、布拉德利国际机场。

③美国航空公司（AA）。美国航空公司（American Airlines）作为寰宇一家的创始成员之一，是世界最大的航空公司。联合旗下附属美鹰航空和美国连接，美国航空遍布260余个通航城市——包括美国本土150个城市及40个国家。

美国航空致力于提供卓越的全球飞行体验，公司共飞往50多个国家和地区的260多个城市。美国航空的机队由近900架飞机组成，每日从芝加哥、达拉斯、沃斯堡、洛杉矶、迈阿密和纽约五大枢纽起飞的航班数量超过3500个班次。美国航空的国际航线接近100条，包括伦敦、马德里、圣保罗、东京和上海等重要国际大都市。

2013年，美国航空与全美航空合并，成为当时全球最大的航空公司。

④美国西南航空公司（WN）。西南航空（Southwest Airlines）是美国一家总部设在得克萨斯州达拉斯的航空公司。美国西南航空以“廉价航空公司”而闻名，是民航业“廉价航空公司”经营模式的鼻祖。美国西南航空的经营模式如下：

低成本战略：美国西南航空是以低成本战略赢得市场。美国西南航空的战略是另辟蹊径，去占领潜力巨大的低价市场，明智地避免与美国各大航空公司的正面交锋。美国西南航空只开设中短途的点对点的航线，没有长途航班，更没有国际航班。时间短，班次密集。一般情况下，如果旅客错过了西南航空公司的一班飞机，完全可以在一个小时后乘坐该公司的下一班飞机。高频率的飞行班次不仅方便了那些每天都要穿行于美国各大城市的旅客，更重要的是，在此基础上的单位成本的降低才是西南航空公司所要追求的市场定位。通过和航空公司之间的代码共享，提供更好的联程服务。

美国西南航空成功地运用低价格的政策，打破了美国航空业统一实行民航局批准的高票价规则。在成立之始就把投资方向转向提供永久的低价机票。美国西南航空还成功地实行了双重票价——高峰票价和低峰票价。美国西南航空的低价格政策使飞机成为真正意义上城际间快捷而舒适的“空中巴士”。低票价以高效率和低成本为基础。在低价格的同时还保持优质服务。飞机维护和飞行操作标准超过了美国联邦航空管理局的要求。美国西南航空的安全纪录也相当好。

提高设备利用率：西南航空努力提高设备利用率，该公司每架飞机平均每天在空中飞行的时间是美国航空业中在空中时间最长的。美国西南航空主要运营二线机场，实施的是点对点航线网络，减少了经停点和联程点，从而减少了航班延误和整个旅行时间。飞机的过站时间减少，相当于提高了飞机利用率。而且采用单一机型，这为驾驶员随时接机飞行提供了方便。西南航空许多驾驶员和空中服务员工经常不停地倒飞机工作，飞行时间是美国联合航空和美国航空公司飞行员工作时间的两倍。西南航空的飞机不用对号入座，不用上飞机找座位，没有公务舱和经济舱的区别。这样登机很快。既省时间，也省了飞机滞留机场的费用，下飞机等行李的时间也比其他公司短。

降低成本：西南航空千方百计降低成本。飞机上不提供费事费人的用餐服务。当然，就连登机牌也是塑料做的，用完后收起来下次再用。“抠门”的结果是西南公司的机票价格可以同长途汽车的价格相竞争。

西南航空的领导团体提出明确的目标——“赚钱，给每位员工提供稳定的工作，并让更多的人有机会乘飞机旅行”。明确的市场意识，把“打破官僚主义”作为自己的口号，摆脱大公司容易产生官僚主义，管理效率提高，而且能根据市场变动及时进行调整。强调“员工第一”的价值观，建立激励员工的企业文化。西南航空的企业文化是把公司变为一个大家庭，充满对每个人的爱、关怀和活跃的气氛。

⑤联邦快递（FX）。联邦快递（FedEx）是一家国际性速递集团，提供隔夜快递、地面快递、重型货物运送、文件复印及物流服务，总部设于美国田纳西州。联邦快递隶属于美国联邦快递集团（FedEx Corp），为顾客和企业提供涵盖运输、电子商务和商业运作等一系列的全面服务。联邦快递集团通过相互竞争和协调管理的运营模式，提供了一套综合的商务应用解决方案，使其年收入高达320亿美元。2012年财富世界500强排行榜第263位。2013年财富世界500强排行榜第245位。

联邦快递集团旗下超过2.6万名员工和承包商高度关注安全问题，恪守品行道德和职业操守的最高标准，并最大程度满足客户和社会的需求，使其屡次被评为全球最受尊敬和最可信赖的雇主。

联邦快递设有环球航空及陆运网络，通常只需一至两个工作日，就能迅速运送时限紧迫的货件，而且确保准时送达，并且设有“准时送达保证”。2013年4月1日起，联邦快递中国有限公司实施GDS（全球分销系统）中国区全境覆盖计划，在武汉设立中国区公路转运中心，正式将武汉作为全国公路转运枢纽，承担武汉自西安、郑州、长沙、南昌、上海、重庆、成都、广州8条公路干线，16个往返班次的货物分拨与转运业务。

美国联邦快递是较早看准中国这个庞大市场的外资公司之一，它于1984年进入中国，近20年来，联邦快递发展迅速，一年一个台阶，取得了骄人的业绩，创造了诸多世界之最：当初的每周两次变为现在每周有11个班机进出中国，是拥有直飞中国航班数目最多的国际快递公司；快递服务城市在1996年只有60个，现在发展到220个城市；1999年，联邦快递与天津大田集团在北京成立合资企业大田—联邦快递有限公司，双方合作顺利，配合密切，进一步推动了中国快递业务的发展。联邦快递亚太转运中心一期工程于2016年1月16日在广州花都区花东镇奠基动工。亚太转运中心已于2008年10月投入运营。联邦快递是第一个在中国设立洲际转运中心的跨国货运巨头，它给中国带来了1.5亿美元投资、每年60万t货运量以及白云机场实现腾飞的机会。

转运中心建成投入使用后，起始阶段每周将有228班货机往返，其包裹分拣能力可以达到每小时2.4万件。2008年12月开始，转运中心承担了原本设在菲律宾的亚太区转运中心的业务。联邦快递一年就能为白云机场新增60万t以上的货物吞吐量，以后将增加到80万～100万t。

2012年9月6日，国家邮政局官方网站公布，批准联邦快递（中国）有限公司（简称联邦快递）和优比速包裹运送（广东）有限公司（简称联合包裹/UPS）经营国内快递业务。

⑥联合包裹（5X）。UPS快递（United Parcel Service）在1907年作为一家信使公司成立于美国华盛顿州西雅图，是一家全球性的公司，其商标是世界上最知名、最值得景仰的商标之一。作为世界上最大的快递承运商与包裹递送公司，同时也是运输、物流、资本与电子商务服务的领导性的提供者。UPS（联合包裹速递服务公司）是世界上最大的快递承运商与包裹递送公司，1907年成立于美国，作为世界上最大的快递承运商与包裹递送公司，UPS同时也是专业的运输、物流、资本与电子商务服务的领导性的提供者。UPS每天都在世界上200多个国家和地域管理着物流、资金流与信息流。通过结合货物流、信息流和资金流，UPS不断开发供应链管理、物流和电子商务的新领域，如今UPS已发展到拥有300亿美元资产的大公司。

（2）主要机场及城市

①新英格兰区：位于美国大陆东北角、濒临大西洋、毗邻加拿大的区域。新英格兰地区包括美国的六个州，由北至南分别为：缅因州、新罕布什尔、佛蒙特州、马萨诸塞州、罗得岛州、康涅狄格州。马萨诸塞州首府波士顿是该地区的最大城市以及经济与文化中心。

很多原因导致了新英格兰经济的独特性，这一区域内教育水平较高的劳动力制造了大量的工业制成品用于出口，如特种机械、军火等。约一半左右的出口是用于工业制造和商业活动的机械，如电子计算机、电力和电子设备。这些机械和仪器、化工产品、交通运输设备构成了该区域3/4的出口。巴尔（佛蒙特州）开采花岗石、斯普林菲尔德（马萨诸塞州）出产枪械、格拉顿（康涅狄格州）和巴斯（缅因州）是造船基地，可手持的小型工具产自马萨诸塞州的特纳斯福尔。

a. 波士顿（BOS）。波士顿是美国马萨诸塞州的首府和最大城市，也是新英格兰地区的最大城市。波士顿位于美国东北部大西洋沿岸，创建于1630年，是美国最古老、最有文化价值的城市之一。波士顿是美国东北部高等教育和医疗保健的中心，是全美人口受教育程度最高的城市。它的经济基础是科研、金融与技术，特别是生物工程，并被认为是一个全球性城市或世界性城市。波士顿的大学是影响该市和整个区域经济的主要因素。他们不仅是主要的雇主，而且将高技术产业吸引到该市及附近地区，包括计算机硬件与软件公司，以及生物工程公司（如千禧年医药）。波士顿每年从国家健康协会得到的资金是所有美国城市中最多的。其他重要产业有金融业（特别是共同基金）和保险业。以波士顿为基地的富达投资（Fidelity）在20世纪80年代帮助普及共同基金，使得波士顿成为美国的顶级金融城市之一。该市还拥有主要银行的地区总部如美洲银行和王者银行（Sovereign），风险资本的中心——波士顿还是一个印刷与出版业中心。

b. 洛根机场（BOS）。洛根国际机场是世界上20个最繁忙的机场之一，面积大概$10km^2$，拥有6条跑道。机场服务的目的地有美国、加拿大、拉丁美洲和欧洲。

②东部区:东部地区是美国经济地理的枢轴,代表性的城市有纽约和华盛顿。

a. 纽约。纽约(New York),是纽约都会区的核心,也是美国最大城市。纽约位于美国东海岸的东北部,是美国人口最多的城市,也是个多族裔聚居的多元化城市。纽约是世界的经济中心,也是世界三大金融中心之一(另外两个为伦敦和香港)。曼哈顿中城是世界上最大的CBD及摩天大楼集中地,曼哈顿下城是全美第三大的CBD(仅次于芝加哥)。纽约的服装、印刷、化妆品等行业均居全美国首位,机器制造、军火生产、石油加工和食品加工也占有重要地位。

大纽约地区主要有三个商业机场:

a)约翰•菲茨杰拉德•肯尼迪国际机场(JFK)。

该机场于1942年始建,1948年7月1日首次有商业航班,并于7月31日正式命名为纽约国际机场。1963年改名为约翰•菲茨杰拉德•肯尼迪国际机场;随后,机场的国际航空运输协会机场代码更新为JFK。肯尼迪国际机场设有9个客运航站楼,4条跑道,是大纽约地区主要的国际机场,亦为美国东北部重要的进出大门,更是攸关美国经济的空运枢纽。每日平均起降航班超过1000架次,每年平均客流量4500万人次、货物转口量150万t。每年进出美国的旅客大约有15%是从该机场通过。目前有13家美国航空公司和60多家国外航空公司在此经营,航线覆盖国内55座主要城市和全球80多个主要城市。机场由纽约与新泽西港口管理局运营至2050年。

b)纽瓦克自由国际机场(EWR)。

纽瓦克自由国际机场(亦译为纽华克自由国际机场)位于美国新泽西州纽瓦克市与伊丽莎白市境内,距纽约州纽约市曼哈顿约16英里(26km)路程。纽瓦克机场是纽约都会区的三大机场之一,这三大机场均由纽约新泽西港务局管理。纽瓦克机场是全美第十大繁忙的机场,以及全美第五大国际直飞机场。纽瓦克机场是美国大陆航空的第二转运枢纽,是本场最大的航空业者(目前使用C与部分的A航厦)。联邦快递则以本场作为货物转运中心,联合航空与UPS亦将纽瓦克机场作为小型的货物枢纽。纽瓦克自由国际机场拥有三座旅客航厦及三条跑道。

c)拉瓜迪亚机场(LGA)。

拉瓜迪亚机场是美国纽约市的三大机场之一,位于皇后区,面向法拉盛湾。此机场由以前纽约市长菲奥雷洛•亨利•拉瓜迪亚(Fiorello Henry La Guardia)命名。目前,该机场是由纽约与新泽西港口管理局负责管理及营运,此管理局同时也管理营运纽约市的甘乃迪国际机场和纽华克自由国际机场。拉瓜地亚机场是纽约都会区的三个主要机场中最小的一个,但因为最接近曼哈顿,故使用率不低。美国联邦民航署的拉瓜地亚机场主要提供国内线服务,乃因纽新航港局规定起降此机场的班机不可以飞行超过2400km的缘故。但逢周末起降的班机及往返丹佛的班机除外,这是旧有的规定,因此大部分横跨美国本土的航线及国际航线均使用肯尼迪和纽瓦克机场。

b. 华盛顿。华盛顿哥伦比亚特区,简称为华盛顿,是美利坚合众国的首都,靠近弗吉尼亚州和马里兰州,位于美国的东北部、中大西洋地区,华盛顿是美国的政治中心,因此经济色彩不浓,是大多数美国联邦政府机关与各国驻美国大使馆的所在地,也是世界银行、国际货币基金组织、美洲国家组织等国际组织总部的所在地，还拥有为数众多的博物馆与文化史迹。商业机场主要有：

a)华盛顿罗纳德•里根国家机场(DCA)。

华盛顿罗纳德•里根国家机场(通常简称里根国家机场)英文全名Ronald Reagan Washington National Airport。里根国家机场位于波托马克河南岸，离白宫约5km，距国会大厦0.8km，这是一个国内航线专用机场。里根机场于1941年投入使用，占地面积3.4km^2，拥有3条跑道。为避免过于拥挤和大面积的航班延误，美国国会还于1999年通过法案，进一步限制国立机场的营运规模，规定该机场到航线距离不能超过1200km (约1910km)，否则必须使用离华盛顿市区较远的华盛顿杜勒斯国际机场。尽管这样，该机场仍然是美国最繁忙、最拥挤的机场之一。

b)华盛顿杜勒斯国际机场(IAD)。

华盛顿杜勒斯国际机场(Washington Dulles International Airport)得名于美国当时的国务卿约翰•福斯特•杜勒斯。华盛顿杜勒斯国际机场位于华盛顿市区以西约43km处，是美国联合航空公司的主要枢纽。杜勒斯机场占地面积44km^2，拥有3 条跑道。华盛顿国立机场距离市区太近，距白宫仅3km，不仅没有发展空间，也存在不少安全与环境方面的担忧。因此在二战结束后，就出现了修建华盛顿第二机场的呼声。1950年美国国会通过华盛顿第二机场法案。1958 年确定选址，1962 年投入使用。

c)巴尔的摩国际机场(BWI)。

巴尔的摩华盛顿国际机场是为美国巴尔的摩—华盛顿大都市区提供服务的商业机场，位于安妮阿伦德尔县北部人口普查指定区的林夕昆，在巴尔的摩以南10英里(16km)处，位于华盛顿东北30英里(48km)处。该机场以第一个在美国最高法院任职的非裔美国人瑟古德马歇尔而命名，是西南航空和穿越航空公司的中心。美西南航空于1993年进入巴尔的摩机场，为整个华盛顿地区提供服务，已经发展成为美西南的第三大航点，每天144 个航班。虽然巴尔的摩距离华盛顿特区50km，但西南航空加入以后，凭借"低票价、高频率"的优势，市场份额迅速上升，带动了机场总体运量的大幅增长。

2001年，美国西南航空在巴尔的摩机场的市场份额为38.6%。"9•11"以后，美国航空运输行业陷入前所未有的萧条，传统的网络型航空公司运量锐减，而低成本航空公司依然"风景这边独好"。杜勒斯机场是美联航的中枢，而美联航承受的打击最大，航班和运量大量削减，连累了杜勒斯机场的发展，运量比上年下降10.6%。国立机场在"9•11"后关闭近一个月，同时又是传统航空公司扎堆的地方，运量下降幅度更大，比上年下降16.2%。而巴尔的摩机场由于美国西南航空的强劲支撑，运量反比上年增长3.6%，增长速度位居美国各机场之首。

③南部区：南部区共有八个州，分别是北卡罗来纳州、南卡罗来纳州、佐治亚州、佛罗里达州、肯塔基州、田纳西州、密西西比州、阿拉巴马州。主要的城市有亚特兰大、迈阿密、孟菲斯等。

a. 亚特兰大。亚特兰大(Atlanta)位于美国东部，坐落在海拔350m的阿巴拉契亚山麓的台地上，是美国三大高地城市之一，亦是美国佐治亚州首府和最大的工商业城市。其是美国最大城市，是富尔顿县的县政府驻地，亦是美国第九大都市区。亚特兰大是美国十大富豪集聚地，这里生活着众多美国的千万美元以上的大富豪。2013年，亚特兰大被时代杂志评为美国富人最想创业的大城市。近20年来，随北方工商业和人口南迁，亚特兰大发展迅速，有飞机、汽车、纤维、机械、钢铁、食品等工业。洛克希德飞机公司和可口可乐公司总部设于此。

哈茨菲尔德—杰克逊亚特兰大国际机场（ATL），建立在美国亚特兰大市南区与乔治亚大学城相邻的地方。亚特兰大机场是世界旅客转乘量最大、最繁忙的机场，哈兹菲尔德—杰克逊机场里主要的航空公司除了达美航空和穿越航空外，还包括达美连航、大西洋东南航空等。亚特兰大机场位于美国佐治亚州亚特兰大市中心南方约11km处，此机场同时也是全世界旅客转乘量最大、最繁忙的机场。亚特兰大机场是一座24h不间断的机场，也有来自全世界的航空公司以此为重要枢纽。旅客可由此机场飞向全世界超过45个国家、72个城市及超过243个目的地（含美国）。哈兹菲尔德—杰克逊机场占地580万平方英尺，占地面积位居世界第三，仅次于香港国际机场和曼谷国际机场。它是达美航空的主要基地，而且主要经营着机场到美国其他地区和加拿大的空中交通业务。哈兹菲尔德—杰克逊机场开通了亚特兰大到北美、拉美、欧洲、亚洲和非洲的国际航线。

b. 迈阿密。迈阿密（Miami）是佛罗里达州第二大城市，位于佛罗里达半岛比斯坎湾。迈阿密还是南佛罗里达州都市圈中最大的城市，这个都市圈由迈阿密—戴德县、布劳沃德县和棕榈滩县组成，人口超过559万人，是美国人口最为稠密的城市之一，美国东南部最大的都市圈，也是全美第四大都市圈。迈阿密是国际性的大都市，在金融、商业、媒体、娱乐、艺术和国际贸易等方面拥有重要的地位，也是许多公司、银行和电视台的总部所在。迈阿密是文化的大熔炉，受庞大的拉丁美洲族群和加勒比海岛国居民的影响很大，与北美洲、南美洲、中美洲以及加勒比海地区在文化和语言上关系密切，因此有时还被称为“美洲的首都”。因为非常接近拉丁美洲，所以迈阿密是许多跨国公司的拉丁美洲地区总部，例如美国航空公司、思科、迪士尼、埃克森美孚、联邦快递、微软、甲骨文公司、美国电报电话公司和索尼等。迈阿密国际机场和迈阿密港是美国最繁忙的港口之一，特别是来自南美洲和加勒比海地区货物。

迈阿密国际机场（MIA）位于迈阿密的西部，距离市中心大约20km。迈阿密国际机场是美国连接中南美洲的重要门户，也是美利坚航空公司的4大中枢之一。占地面积13km^2，拥有3条跑道。迈阿密国际机场是美国航空公司的一个枢纽基地，美国之鹰航空公司、箭航空公司、湾流国际航空公司、迈阿密国际机场均在机场提供航班服务。机场处理的航班遍及整个美洲和欧洲，以及亚洲的货运航班，是南佛罗里达州长途国际航班的主要机场，尽管大多数国内和低成本航空公司使用劳德代尔堡好莱坞国际机场和棕榈滩国际机场，但从迈阿密国际机场出发的航班可以大大降低租客航空公司的收费费用。迈阿密国际机场是美国南部的重要门户，是美国连接拉丁美洲的重要枢纽。迈阿密机场是美国第三大外国航空旅客进境港（仅次于纽约的约翰•F•肯尼迪国际机场和洛杉矶的洛杉矶国际机场）。

c. 孟菲斯。孟菲斯（Memphis）是美国田纳西州的城市，是田纳西州最大的城市，在美国东南部排名第二，次于佛罗利达州杰克逊维尔，也是全国第17大城市。孟菲斯都会区是田纳西州次于纳什维尔都会区的第二大都会区。孟菲斯位于密西西比河岸边、下契卡索陡岸上，狼河的河口。其联外机场孟菲斯国际机场是世界第二大货运机场，仅次于香港国际机场。

孟菲斯国际机场是美国田纳西州孟菲斯的国际机场，为世界最大货运机场。该机场是美国西北航空的第三大转运中心，也是联邦快递的总部。作为联邦快递主要的全球枢纽机场，孟菲斯国际机场要处理极大数量的航空货物运输。从孟菲斯出发的直达联邦快递目的地包括横跨美洲的很多美国城市，加上阿拉斯加安克雷奇、夏威夷檀香山，以及众多加拿大、墨西哥还有加勒比海城市。而跨洲际方面，直达地包括：科隆、迪拜、巴黎、伦敦、坎皮纳斯、首尔及东京。孟菲斯国际机场也是达美航空的枢纽之一。从1993年到2009年，孟菲斯国际机场在货物运输量方面是世界最大货运机场。在2010年，其货运量被香港国际机场超越排在第二，但依然是全美货运量最大的机场。

④大湖区：大湖区共包括俄亥俄州、印第安纳州、伊利诺伊州、威斯康星州、明尼苏达州、密歇根州。主要的城市有芝加哥、底特律等。

a. 芝加哥。芝加哥（Chicago）位于美国中西部的伊利诺伊州，东临壮丽的北美五大湖之一密歇根湖，是著名国际金融中心之一，全美人口第三大城市（仅次于纽约和洛杉矶）。芝加哥地处北美大陆的中心地带，是美国第二大商业中心区、美国最大的期货市场，其都市区新增的企业数一直位居美国第一位，被评为美国发展最均衡的经济体。此外，芝加哥拥有美国最高的十座摩天大楼中的4座和曾经的世界第一高楼西尔斯大厦（保持最高楼世界纪录1974—1998年），被誉为“摩天大楼的故乡”。同时，芝加哥还是美国铁路、航空枢纽和世界最重要的文化科教中心之一。

芝加哥奥黑尔国际机场（ORD）是世界上唯一的双中枢机场。世界上最大的两家航空公司——联合航空公司和美利坚航空公司，都在奥黑尔机场建立了自己的中枢。机场是美国伊利诺伊州芝加哥市的主要机场，位于市中心西北27km，占地面积31km^2，拥有6条跑道、4个航站楼。自1960年扩建完成直到1998年，奥黑尔机场一直是世界上客流量最大的机场。奥黑尔机场是美国第四大国际航空枢纽，排在甘乃迪国际机场、洛杉矶国际机场和迈阿密国际机场之后。位于美国芝加哥的奥黑尔国际机场是全球最繁忙的机场。这里每天要起降2700次航班，每年大约有7200多万名乘客经该机场来往穿梭于世界各地。奥黑尔国际机场是全美最大两家航空公司的主要中心机场，在这里工作的员工共有五万多人。这座世界一流的机场位于芝加哥市区外，占地达7700英亩，拥有七条跑道和一个庞大的候机楼。

b. 底特律。底特律是美国密歇根州最大的城市。该城市于1701年由法国毛皮商建立，是位于美国东北部，加拿大温莎以北、底特律河沿岸的一座重要的港口城市，是世界传统汽车中心和音乐之都，是美国人口第15大县。

⑤中部区：中部地区主要包括内布拉斯加州、爱荷华州、堪萨斯州、密苏里州。

⑥西南区：西南地区主要包括阿肯色州、路易斯安那州、俄克拉何马州、得克萨斯州、新墨西哥州。主要城市有休斯敦、达拉斯。

a. 休斯敦。休斯敦（Houston）是美国得克萨斯州的第一大城，全美国第四大城市，墨西哥湾沿岸最大的经济中心。面积达1440km^2，市名是以当年得克萨斯共和国总统山姆•休斯敦（Sam Houston）命名的。休斯敦以其能源（特别是石油）、航空工业和运河闻名世界。休斯敦港是世界第六大港口，是美国最繁忙的港口，2013年数据显示，大休斯敦地区的经济是美国第四大的，是美国经济增长最快的大都市。2013年生产总值为5329亿美元（Perryman Group数据），外贸2533亿美元。2014年，该地区提供了290万个就业职位。

休斯敦是一个主要的大企业中心。2014年全美500家最大公司中，有26家的总部在休斯敦。而其余许多大公司也把它们的美国总部设在了休斯敦。休斯敦地区是全球最重要的工业基地之一，在美国制造业城市中居第一位。休斯敦是美国石油工业和石化工业的中心。在开采、加工、运输、市场开发、服务、供应及技术等方面都处于领先地位。休斯敦是美国能源和石化工业中心。大休斯敦地区集中了3700多家与能源相关的公司。全美134家油气勘探上市公司中的40家总部设在休斯敦。休斯敦地区有9家炼油厂，每天炼原油230万桶，占全美国的13.2%，约占全得州的50%。该地区初级石化产品生产能力占全国的45%。全美48%的乙烯和66%的环氧树脂都产自这一地区。

b. 达拉斯。达拉斯，美国得克萨斯州首府，第二大城市，重要工商业中心。工业以炼油、石化、石油机械等为主，电子、航天新兴产业发达，食品加工、纺织、服装等传统产业部门仍颇具规模。达拉斯是美国西南部金融中心之一，许多保险公司总部所在地，是著名的石油垄断组织中心和棉花贸易市场。公路、铁路、空运均很便利，达拉斯—沃思堡机场为交通枢纽。

达拉斯－沃思堡国际机场（DFW）是美国得克萨斯州达拉斯和沃思堡共同所有的民用机场，距达拉斯24km，距沃思堡29km，是得克萨斯州最大、最繁忙的机场。机场有7条跑道和1个直升机停机坪。2006年，根据一项调查结果，机场被授予"最佳货运机场"称号。客流量方面，本机场是世界第7大机场；就占地面积而言，本机场是全美第2大及世界第4大机场，仅次于丹佛国际机场。2014年该机场为全球十大繁忙机场。

⑦西北山区：西北山区主要的城市有西雅图、丹佛等。

a. 西雅图。西雅图（Seattle）是美国太平洋西北区最大的城市，西雅图建立于1850年，得名于西雅图酋长。西雅图的官方别名为翡翠之城，是个多民族城市。白人约占全市人口的70.1%；黑人8.4%；印第安人和土著人占1.0%；西班牙/拉丁美洲裔占5.3%；混血人占4.5%；亚裔占13.1%，其中华裔约占全市人口的3.45%。

西雅图被认为是垃圾音乐的诞生之地，也是油渍摇滚的诞生地，西雅图人也因咖啡消费量极大而闻名。星巴克、西雅图贝斯特咖啡和塔利咖啡都于此建立。

1995年，西雅图被《货币》杂志评为"全美最佳居住地"，1996年被《财富》杂志评为"最佳生活工作城市"，1998年是全美公认生活质量最高的城市。西雅图也是传统的会议旅游中心。

西雅图—塔科马国际机场（SEA），简称西塔机场，是位于美国华盛顿州西塔科的一个重要民用国际机场。机场为西雅图和塔科马两个城市以及整个西雅图都会区服务，距离西雅图市中心仅有半小时车程。阿拉斯加航空和地平线航空将此机场作为枢纽机场。该机场是全美国第15繁忙的机场。机场有通往美国国内以及加拿大、欧洲、中东和东亚的众多航线。

b. 丹佛。丹佛市县（City and County of Denver）是美国科罗拉多州的一个合并市县，也是科罗拉多州的最大城市和首府。丹佛位于一片紧邻着洛基山脉的平原上，形成丹佛—奥罗拉大都会区的核心。丹佛的市中心位于南佩雷特河（South Platte River）东岸，接近南佩雷特河与樱桃溪（Cherry Creek）的交接口，离山脚大约15英里远的地方。丹佛是美国西部交通枢纽。7条铁路干线、多条高速公路在此交汇。城东北有斯泰普尔顿国际机场。城市紧靠景色秀丽的落基山，气候宜人，市内多公园、绿地，环境优美，为旅游胜地。主要文教设施有科罗拉多州历史博物馆、丹佛艺术博物馆、红岩室外圆形剧场及丹佛大学等。食品工业占重要地位，为美国芝加哥以西最大的屠宰和肉类加工基地。一年一度的西部牲畜展览会在此举行，有规模巨大的牛、羊市场。甜菜制糖、面粉、酿酒等工业也较发达。

新兴的工业部门有宇航、采矿机械、电子仪表、冶金等。工厂主要分布在南普拉特河沿岸。20世纪70年代中期以后，丹佛成为美国开发西部山区石油、天然气、煤、油页岩、铀和太阳能的中心，市内涌现大批能源开发公司，城郊建有原子能发电厂。

丹佛国际机场（DEN）于1995年启用，位于美国科罗拉多州丹佛市东北面，由丹佛市政府营运，是一座民用机场，并且是美国面积最大及全世界面积第二大机场，并拥有美国最长的跑道。目前，以交通流量计算，丹佛国际机场是全美第五大机场、世界第十大机场。

⑧西部及太平洋区：西部及太平洋地区主要包括亚利桑那州、内华达州、加利福尼亚州。主要的城市有洛杉矶和旧金山。

a. 洛杉矶。洛杉矶（Los Angeles），位于美国西海岸，又称为"天使之城"。它的面积为1214.9km^2。洛杉矶—长滩—圣安娜都会区拥有13485631人口（2013年）。大洛杉矶地区所涵盖的范围更大，包括5个县，大约1800万人口。洛杉矶生产总值为6931.16亿美元（截至2014年6月），排名世界第三（仅次于纽约和东京）。洛杉矶位于美国加州西南部，是美国的第二大城市，仅次于纽约，同时是西部最大都会、美国最大的海港，是全世界的文化、科学、技术、国际贸易和高等教育中心之一，还拥有世界知名的各种专业与文化领域的机构。洛杉矶已成为美国石油化工、海洋、航天工业和电子业的最大基地，它是美国科技的主要中心之一，拥有美国西部最大的海港，享有"科技之城"的称号。洛杉矶成为在美国仅次于纽约的金融中心。

洛杉矶国际机场（LAX），建于1948年，位于美国洛杉矶市，是加利福尼亚州洛杉矶市的主要机场。洛杉矶国际机场于1948年投入商用航班营运，一直是洛杉矶地区的主要机场。美联航在洛杉矶机场占有的市场份额最大，洛杉矶国际机场是美联航在美西地区的两大枢纽之一。同时，洛杉矶国际机场也是美西地区最大的国际门户，几乎所有飞洛杉矶的国际航空公司都选择了洛杉矶国际机场。洛杉矶国际机场位于大洛杉矶地区的西部，距离市中心27km，拥有4条跑道、1个主体航站楼（分为8个候机大厅）。

b. 旧金山。旧金山（San Francisco），又译"三藩市""圣弗朗西斯科"，是美国加利福尼亚州太平洋沿岸港口城市，世界著名旅游胜地、加州（人口）第四大城市。旧金山临近世界著名高新技术产业区——硅谷（Silicon Valley），硅谷是世界最重要的高新技术研发基地和美国西部重要的金融中心。旧金山属亚热带地中海气候，拥有独一无二的旧金山湾区、金门大桥和渔人码头，气候冬暖夏凉，阳光充足，临近众多美国国家公园（如约塞米蒂国家公园）和加州葡萄酒产地纳帕谷，被誉为"最受美国人欢迎的城市"。

旧金山国际机场（SFO）是坐落在美国加利福尼亚州圣马特奥县非建制地区上的一个民用国际机场。机场毗邻圣马特奥县的密尔布瑞市（Millbrae）和圣布鲁诺市（San Bruno），位于旧金山市南方大约21km。旧金山国际机场是旧金山湾区及加利福尼亚州的重要机场，拥有可直飞美洲、欧洲、亚洲和大洋洲许多大城市的航班。机场是美国第十繁忙的机场，同时也是世界第二十大机场。

奥克兰国际机场（OAK）是位于美国加州奥克兰的民用国际机场，位置在奥克兰商业中心南方约15km处，隔着旧金山湾与旧金山半岛相望，由奥克兰港务局（Port of Oakland）管理经营。该机场是服务旧金山湾区的三个机场的其中之一，该机场往来的航线包括墨西哥、萨尔瓦多，也遍及全美国。除了旧金山国际机场，奥克兰国际机场是该地区第二热门的机场航点，其中是因为西南航空有着多数的航班往来该机场。尽管西南航空恢复了在旧金山国际机场的航线服务，奥克兰国际机场仍是该航空公司在旧金山湾区的主要转运站。近年来，奥克兰国际机场受到廉价航空公司的青睐，将此设为主要航点，使得奥克兰国际机场成为美国快速成长的机场之一。如捷蓝航空就是其中之一。

⑨阿拉斯加区：阿拉斯加州是美国50个州之一（第49个州），是美国面积最大的州（面积1717855km^2）。位于北美洲西北角，西隔白令海峡与俄罗斯的楚科奇半岛相望，南临太平洋和阿拉斯加湾，北临北冰洋，东与加拿大育空地区分界，东南延伸的狭长地带包括大陆沿岸部分和亚历山大群岛，与加拿大育空地区和不列颠哥伦比亚省毗邻。首府为朱诺，最大城市为安克雷奇。

安克雷奇是美国阿拉斯加州最大城市，位于阿拉斯加中南部。安克雷奇是美国最北方的主要城市。安克雷奇是一个重要的港口，超过95%的货物从这里进入阿拉斯加，也是安克雷奇铁路的汇集地。主要的产业包括军事、石油与旅游业。

泰德•史蒂文斯安克雷奇国际机场（ANC）是位于美国阿拉斯加州最大城市安克雷奇市中心西南6km的商用国际机场，于1953年启用。该机场是全球第三大货运机场，由阿拉斯加州交通与公共设施部管理与运作。21世纪，泰德•史蒂文斯安克雷奇国际机场在货物运送方面也占了重要的地位。此外，安克雷奇有大量的地方货物仓库、铁路交通，并且港湾设备优良。在安克雷奇国际机场，货机比客机有优先权。经停安克雷奇的货物航空公司除了联邦快递及UPS两大美国的快递公司外，另外还有30多家其他货运公司。

第三节 二区主要国家航空运输地理

一、英国（The United Kingdom of Great Britain and Northern Ireland，GB）

英国，全称大不列颠及北爱尔兰联合王国，本土位于欧洲大陆西北面的不列颠群岛，被北海、英吉利海峡、凯尔特海、爱尔兰海和大西洋包围。其是由大不列颠岛上的英格兰、威尔士和苏格兰，爱尔兰岛东北部的北爱尔兰以及一系列附属岛屿共同组成的一个西欧岛国。除本土之外，其还拥有14个海外领地，总人口超过6400万，以英格兰人为主体民族。英国是一个高度发达的资本主义国家，欧洲四大经济体之一，其国民拥有较高的生活水平和良好的社会保障制度。

1. 自然环境

（1）地理位置

英国是位于西欧的一个岛国，是由大不列颠岛上英格兰、苏格兰、威尔士以及爱尔兰岛东北部的北爱尔兰共同组成的一个联邦制岛国。英国被北海、英吉利海峡、凯尔特海、爱尔兰海和大西洋包围。东临北海，面对比利时、荷兰、德国、丹麦和挪威等国；西邻爱尔兰，横隔大西洋与美国、加拿大遥遥相对；北过大西洋可达冰岛；南穿英吉利海峡行33km即为法国。国土面积24.41万km^2（包括内陆水域）。其中英格兰地区13.04万km^2，苏格兰7.88万km^2，威尔士2.08万km^2，北爱尔兰1.41万km^2。

（2）气候特征

英国属温带海洋性气候。英国受盛行西风控制，全年温和湿润，四季寒暑变化不大。

（3）自然资源

英国主要的矿产资源有煤、铁、石油和天然气。2011年，英国森林覆盖面积308万公顷，占本土面积12.6%。英国动植物资源丰富。

2. 经济环境

英国作为一个重要的贸易实体、经济强国以及金融中心，是世界第五大经济体系，也是全球最富裕、经济最发达和生活水准最高的国家之一。英国主要工业有：采矿、冶金、化工、机械、电子、电子仪器、汽车、航空、食品、饮料、烟草、轻纺、造纸、印刷、出版、建筑等。生物制药、航空和国防是英工业研发的重点，也是英最具创新力和竞争力的行业。同许多发达国家一样，随着服务业的不断发展，英制造业自20世纪80年代开始萎缩，20世纪80年代和20世纪90年代初两次经济衰退加剧了这一态势。英制造业中纺织业最不景气，但电子和光学设备、人造纤维和化工产品，特别是制药行业仍保持雄厚实力。

服务业包括金融保险、零售、旅游和商业服务等，是英经济的支柱产业，截至2014年8月，英国服务业产值约占国内生产总值的四分之三。2012年英服务贸易总额3058.5亿英镑，约合4863亿美元。截至2014年8月，英国旅游业收入居世界第五位，仅次于美国、西班牙、法国和意大利，是英最重要的经济部门之一，从业人员约270万，占就业人口的9.1%。2012年来英游客达3108万人次，收入达186亿英镑，约合295亿美元。美国游客居海外游客之首，其他依次为法国、德国、爱尔兰、西班牙、荷兰、意大利和波兰。伦敦是外国游客必到之处，主要旅游地区有：伦敦、爱丁堡、卡迪夫、布莱顿、格林尼治、斯特拉福、牛津和剑桥等。主要观光景点有：歌剧院、博物馆、美术馆、古建筑物、主题公园和商店等。

英国农牧渔业主要包括畜牧、粮食、园艺、渔业，可满足国内食品需求总量的近三分之二。而农业在英国内生产总值中所占比重不到1%，从业人数约45万，不到总就业人数的2%，低于欧盟国家5%的平均水平，低于其他主要工业国家。农用土地占国土面积的77%，其中多数为草场和牧场，仅1/4用于耕种。农业人口人均拥有70公顷土地，是欧盟平均水平的4倍。英国是欧盟国家中最大捕鱼国之一，捕鱼量占欧盟的20%，满足国内三分之二的需求量。

英国一直是国际资本的重要输出大国，英国对外直接投资位列欧盟国家首位。英国政府鼓励吸引外资。外资在英投资项目主要为计算机软件、信息技术、互联网、电子商务、电子和通信、医药和生物技术、管理行业、汽车、食品和饮料等。投资形式为收购、兼并现有企业、扩大生产规模、建立科研基地或跨国公司等。美国是对英最大投资国，中国对英的投资也在逐步增长。

英国与世界80多个国家和地区有贸易关系，主要贸易对象是欧盟、美国和日本。主要进口产品有：食品、燃料、原材料、服装、鞋业、电子机械设备、汽车等。主要出口产品有：石油及相关产品、化工产品（包括医药制品）、烟草、饮料、机械设备等。欧盟是英国最大的贸易伙伴。

英国交通基础设施较齐全。陆路、铁路、水路、航空运输均较发达。伦敦有十分发达的地铁网。

3. 航空运输

英国所有的航空公司和大多数机场均为私营企业，共有50多家航空公司，在役飞机952架，英国航空公司(British Airways)是世界最大航空公司之一，英国共有449个机场，其中35个机场年客流量在10万人次以上。英国最大机场是伦敦希思罗机场，也是欧洲最大及世界最大最繁忙的机场之一，盖特威克机场是英国第二大机场。

(1)主要航空公司

①英国航空公司(BA)。英国航空公司(British Airways)成立于1924年3月31日，又称不列颠航空，简称英航，总部设在英国伦敦希思罗机场，以希思罗机场作为枢纽基地。英国航空公司的历史可追溯到1924年成立的帝国航空，是英国历史最悠久的航空公司。英国航空公司是全球最大的国际航空客运航空公司之一，全球七大货运航空公司之一。英航是"寰宇一家"航空联盟的创始成员之一。全球航班网络覆盖75个国家的150多个目的地。它是全球最大的国际航空公司之一，每年乘载约3600万名乘客。英航的两个主要的枢纽机场在英国伦敦的希思罗(Heathrow)机场(世界上最大的机场之一)和盖特威克(Gatwick)机场。英航总部设在伦敦希思罗机场附近。英国航空公司通过英航、英国地中海航空(British Mediterranean Airways)、南非商务航空(Comair)、洛根航空(Loganair)、丹麦太阳航空(Sun Air)提供全球航线网络。英国航空公司飞行网络遍布世界各地130多个国家、200多个目的地。英国航空公司自1980年起为中国提供服务。目前每周有7个航班由北京直飞伦敦(冬季为每周6班)，同时每周有6个航班从上海直飞伦敦，以及2013年9月开始的每周3个航班从成都直飞伦敦。

②维珍航空公司(VS)。维珍航空是英国维珍大西洋航空公司(Virgin Atlantic Airways)的简称。维珍航空于1984年成立，是英国一家航空公司，提供来往英国的洲际长途航空服务。维珍航空是维珍集团的附属公司之一，维珍集团拥有其51%股权，达美航空则拥有49%股权。维珍航空已发展成为继英国航空公司的英国第二大国际航空公司，维珍航空以其一贯的高品质服务及勇于创新理念闻名，维珍航空专注于企业发展的动力——永续创新。维珍航空以伦敦的盖特威克机场和希思罗机场为基地，其航线遍及世界各大主要城市。维珍航空与新加坡航空、英伦航空、美国大陆航空、南非航空、全美航空、中国国际航空等签订共用航班编号协议。

(2)主要机场

①伦敦希思罗国际机场(LHR)。伦敦希思罗国际机场通常简称为希思罗机场，位于英国英格兰大伦敦希灵登区，离伦敦中心24km (15英里)。希思罗机场拥有两条平行的东西向跑道及五座航厦。

伦敦希思罗国际机场由英国机场管理公司(BAA)负责营运，为英国航空和维珍航空的枢纽机场以及英伦航空的主要机场，为伦敦最主要的联外机场，也是全英国乃至全世界最繁忙的机场之一，在全球众多机场中排行第三，仅次于亚特兰大哈兹菲尔德—杰克逊国际机场和北京首都国际机场。由于机场有众多的跨境航班，因此以跨境的客流量计算，希思罗机场的客流量是最高的。

②伦敦盖特威克机场(LGW)。伦敦盖特威克机场是英国第二大机场(仅次于伦敦希思

罗机场)。它亦是全球最繁忙的单跑道机场,以及乘客量达全球第六的机场。

4. 主要城市

(1)伦敦

伦敦是大不列颠及北爱尔兰联合王国(简称英国)的首都,是欧洲最大的城市,与美国纽约并列世界上最大的金融中心。伦敦位于英格兰东南部的平原上,跨泰晤士河。16世纪后,随着大英帝国的快速崛起,伦敦的规模也高速扩大。伦敦是英国的政治、经济、文化、金融中心,也是世界著名的旅游胜地,有数量众多的名胜景点与博物馆。伦敦是多元化的大都市,居民来自世界各地,是一座种族、宗教与文化的大熔炉城市。使用的语言超过300多种。伦敦是四大世界级城市之一,与美国纽约、日本东京、法国巴黎并列。从1801年到20世纪初,作为世界性帝国——大英帝国的首都,伦敦因在其政治、经济、人文文化、科技发明等领域上的卓越成就,而成为当时全世界最大的都市。伦敦是欧洲最大的经济中心。金融业是伦敦最重要的经济支柱。

(2)伯明翰

伯明翰是仅次于伦敦的英国第二大城市,在英格兰中部、伦敦至利物浦的铁路干线上,为全英主要制造业中心之一。伯明翰工业部门繁多,以重工业为主;是世界最大的金属加工地区,有黑色冶金、有色冶金(铜、锌、黄铜、铝、镍),机床、仪表、车厢、自行车、飞机、化学、军工等工业也很重要。汽车工业规模很大,有"英国底特律"之称。伯明翰是全世界最大最集中的工业区。英国25%以上的出口产品都是在伯明翰区域制造的,目前经济正向第三产业转移,金融业和旅游发展也相当迅速。伯明翰是现代冶金和机器制造工业的创始地,同时也是全国主要铁路、公路干线和运河网的交汇点。

二、法国(The French Republic, FR)

法兰西共和国,简称法国,是一个本土位于西欧的总统共和制国家,海外领土包括南美洲和南太平洋的一些地区。该国为欧洲国土面积第三大、西欧面积最大的国家,东与比利时、卢森堡、德国、瑞士、意大利接壤,南与西班牙、安道尔、摩纳哥接壤。本土地势东南高西北低,大致呈六边形,三面临水,南临地中海,西濒大西洋,西北隔英吉利海峡与英国相望,科西嘉岛是法国最大岛屿。法国是一个高度发达的资本主义国家,欧洲四大经济体之一,其国民拥有较高的生活水平和良好的社会保障制度,是联合国安理会五大常任理事国之一,也是欧盟和北约创始会员国、申根公约和八国集团成员国、欧洲大陆主要的政治实体之一。

1. 自然环境

法国本土面积为543965km^2,包括海外领土面积为632834km^2。其位于欧洲西部,与比利时、卢森堡、瑞士、德国、意大利、西班牙、安道尔、摩纳哥接壤,西北隔拉芒什海峡与英国相望,濒临北海、英吉利海峡、大西洋和地中海四大海域,地中海上的科西嘉岛是法国最大岛屿。地势东南高西北低。平原占总面积的三分之二。主要山脉有阿尔卑斯山脉、比利牛斯山脉、汝拉山脉等。法意边境的勃朗峰海拔4810m,为欧洲最高峰。河流主要有卢瓦尔河(1010km)、罗讷河(812km)、塞纳河(776km)。法国本土西部属海洋性温带阔叶林气候,南部属亚热带地中海气候,中部和东部属大陆性气候。法国主要矿藏为铁矿,其次为铝矾土和钾盐矿。有色金属储量很少,几乎全部依赖进口。能源主要依靠核能,约78%的电力靠核能提供。此外,水力和地热资源的开发利用比较充分。森林面积约155650km^2,覆盖率28.6%。

2. 经济环境

法国是世界主要发达国家之一,国内生产总值位居世界第五。法国是仅次于美国的世界第二大农产品出口国,第三产业在法国经济中所占比重逐年上升。其中电信、信息、旅游服务和交通运输部门业务量增幅较大,服务业从业人员约占总劳动力的70%。法国是最发达的工业国家之一,在核电、航空、航天和铁路方面居世界领先地位。钢铁、汽车、建筑为其工业的三大支柱。法国主要工业部门有矿业、冶金、汽车制造、造船、机械制造、纺织、化学、电器、动力、日常消费品、食品加工和建筑业等。核电设备能力、石油和石油加工技术居世界第二位,仅次于美国;航空和宇航工业仅次于美国和独联体,居世界第三位。钢铁工业、纺织业占世界第六位。但工业中占主导地位的仍是传统的工业部门,其中钢铁、汽车、建筑为法国工业三大支柱。

法国农业极度发达,是世界主要农业大国。主产小麦、大麦、玉米和水果蔬菜。葡萄酒产量居世界首位。有乳、肉用畜牧业和禽蛋业。法国是欧盟最大的农业生产国,也是世界主要农副产品出口国。机械化是法国提高农业生产率的主要手段,法国已基本实现了农业机械化,农业生产率很高。农业食品加工业是法国外贸出口获取顺差的支柱产业之一。欧洲前100家农业食品工业集团有24家在法国,世界前100家农业食品工业集团有7家在法国,法国的农副产品出口居世界第一,占世界市场的11%。

法国商业十分发达,创收最多的是食品销售,在种类繁多的商店中,超级市场和连锁店最具活力,几乎占全部商业活动的一半。巴黎是世界性的消费中心,大量的高档时装、香水、化妆品以及波尔多红酒吸引着世界各地的消费者前来购物消费。

法国旅游收入占国内生产总值的7%。平均每年接待外国游客8200多万人次,超过该国人口,是世界第一旅游接待国。法国连续多年被评为全球最适合居住的国家。首都巴黎、地中海和大西洋沿岸的风景区及阿尔卑斯山区都是举世闻名的旅游胜地,此外还有一些历史名城、卢瓦尔河谷城堡群、布列塔尼和诺曼底的渔村、科西嘉岛等。

服务业在法国的经济和社会生活中占有举足轻重的地位,服务业产值占国内生产总值的75%以上。

法国是世界贸易大国,外贸进出口总额排名世界第五;其中出口总额位列世界第六,进口总额位居世界第四。进口商品主要有能源和工业原料等,出口商品主要有机械、汽车、化工产品、钢铁、农产品、食品、服装、化妆品和军火等;非产品化的技术出口增长较快,纯技术出口在整个出口贸易中的地位日益显要。

3. 航空运输

法国共有153个民用机场,通达134个国家和地区的529个城市。主要航空公司为法航,主要机场有巴黎戴高乐机场和奥利机场、尼斯机场等。

(1)主要航空公司

法国航空公司(AF)(法国航空—荷兰皇家航空集团旗下公司)简称法航,是一家法国的航空公司,总部位于法国巴黎夏尔·戴高乐国际机场,同时也是法国国营航空公司。该公司成立于1933年，在2004年5月收购荷兰皇家航空公司，并因此组成了法国航空—荷兰皇家航空集团(Air France-KLM)。Air France-KLM在法国的法律之下成立，而总部则设于巴黎戴高乐国际机场。法国航空—荷兰皇家航空集团是欧洲最大的航空公司，也是世界上最大的航空公司之一。Air France-KLM 是“天合联盟”的成员。法国航空公司是“天合联盟”的创始成员之一。法航荷航集团一共拥有168架长程飞机，是从欧洲出航的最大的国际长程航运网络。本集团提供从巴黎戴高乐及阿姆斯特丹史基浦两个国际枢纽机场转往其他欧洲城市的最佳转机选择。法航营运380架飞机，其中133架由其子公司使用营运区域航线。法航机队的平均机龄为9.3年(长程航线平均机龄8.7年，中程航线平均机龄9.2年)，是欧洲最现代化的航空公司之一。法航机队的低机龄，使旅客搭机更感舒适，并且大幅节省燃油、限制温室效应气体排放，并减少噪声对机场附近居民的影响。法国航空公司采用大众策略，成本为先，集中于客运和货运。法国航空公司的销售策略是致力于完善现有的运营网络，服务于大众乘客，依靠严格的成本控制来保证盈利。

(2)主要机场

夏尔•戴高乐国际机场(CDG)也被称为鲁瓦西机场(Roissy)。此机场坐落于巴黎，是欧洲主要的航空中心，也是法国主要的国际机场。它是以法国将军、前总统夏尔•戴高乐(1890—1970年)的名字命名的。它位于巴黎东北25km处的鲁瓦西。夏尔•戴高乐机场是欧洲第二大中转平台，仅次于伦敦的希思罗机场，是世界重要的机场之一。巴黎夏尔•戴高乐机场的主要航空公司有：法国航空(运量的54.7%)、EasyJet (6.5%)、汉莎航空(2.8%)、美国达美航空(1.5%)和XL Airways (1.4%)。按客运量来计算，戴高乐机场位于欧洲第二，世界第七。按提供的停机位数量计算，戴高乐机场以235个停机位在世界上排名第三。按提供的登机口数量计算，戴高乐机场以210个登机口在世界上排名第一。戴高乐机场共有9个航站楼。

4. 主要城市

巴黎(Paris)，是法兰西共和国的首都，法国最大城市，欧洲第二大城市，法国的政治、经济、文化、商业中心。巴黎是世界四大国际化都市之一，其余分别为纽约、伦敦、东京。巴黎位于法国北部巴黎盆地的中央，横跨塞纳河两岸。在自中世纪以来的发展中，一直保留过去的印记，某些街道的布局历史悠久，也保留了统一的风格。今天的巴黎，不仅是西欧的一个政治、经济、文化中心，而且是一座旅游胜地，每天吸引无数来自各大洲的宾客与游人。巴黎已有1400多年的历史，它不仅是法国，也是西欧的一个政治、经济和文化中心。巴黎香水有“梦幻工业”之称。法国还是美食之国。巴黎是历史之城、美食之都和创作重镇。形形色色不同背景的巴黎居民，为这座梦想之城带来缤纷活力，形成花都独一无二的印记。巴黎是著名的世界艺术之都，印象派美术发源地，芭蕾舞的诞生地，欧洲启蒙思想运动中心，电影的故乡，现代奥林匹克运动会创始地。巴黎又是世界公认的文化之都，大量的科学机构、研究院、图书馆、博物馆、电影院、剧院、音乐厅分布于全市的各个角落。

三、德国(The Federal Republic of Germany，DE)

德意志联邦共和国，简称德国，是位于中欧的联邦议会共和制国家，北邻丹麦，西部与荷兰、比利时、卢森堡和法国接壤，南邻瑞士和奥地利，东部与捷克和波兰接壤。该国由16个联邦州组成，首都为柏林，领土面积357167km^2，以温带气候为主，人口约8110万人，是欧洲联盟中人口最多的国家，以德意志人为主体民族。德国是一个高度发达的资本主义国家，是欧洲四大经济体之一，其社会保障制度完善，国民具有极高的生活水平。德国在基础科学与应用研究方面十分发达，以理学、工程技术而闻名的科研机构和发达的职业教育支撑了德国的科学技术和经济发展。以汽车和精密机床为代表的高端制造业，也是德国的重要象征。

1. 自然环境

(1)地理位置

德意志联邦共和国位于欧洲中部，东邻波兰、捷克，南接奥地利、瑞士，西接荷兰、比利时、卢森堡、法国，北接丹麦，濒临北海和波罗的海，是欧洲邻国最多的国家。

(2)地形

德国的地形变化多端，整个德国的地形可以分为五个具有不同特征的区域：北德低地、中等山脉隆起地带、西南部中等山脉梯形地带、南部阿尔卑斯山前沿地带和巴伐利亚阿尔卑斯山区。

北德低地的特征是丘陵起伏的沿海岸高燥地和黏土台地与草原、泥沼以及中等山脉隆起地带前方向南伸展的黄土地之间有星罗棋布的湖泊。中等山脉隆起地带则将德国分成南北两片。西南部中等山脉梯形地带包括上莱茵低地及其边缘山脉。南部阿尔卑斯山前沿地带包括施瓦本巴伐利亚高原以及在南部的丘陵和湖泊、碎石平原、下巴伐利亚丘陵地区和多瑙洼地。巴伐利亚阿尔卑斯山区则包括阿尔高伊的阿尔卑斯山、巴伐利亚的阿尔卑斯山和贝希特斯加登的阿尔卑斯山，在这些山区散落着风景如画的湖泊。德国境内有六个山脉。

地势北低南高，可分为四个地形区：北德平原，平均海拔不到100m；中德山地，由东西走向的高地块构成；西南部莱茵断裂谷地区，两旁是山地，谷壁陡峭；南部的巴伐利亚高原和阿尔卑斯山区，其间拜恩阿尔卑斯山脉的主峰祖格峰海拔2963m，为德国最高峰。

(3)气候

德国处于大西洋东部大陆性气候之间的凉爽的西风带，温度大起大落的情况很少见。降雨分布在一年四季。德国的北部是海洋性气候，相对于南部较暖和。

(4)自然资源

德国自然资源较为贫乏，除硬煤、褐煤和盐的储量丰富外，在原料供应和能源方面很大程度上依赖进口，三分之二的初级能源需进口。德国森林覆盖面积为1076.6万公顷，约占全国面积30%。德国能源消耗居世界第5位，其中60%的主要能源依赖进口，政府政策为促进节约能源及可再生能源。

2. 经济环境

德国是欧洲最大经济体，全球国内生产总值第四大国(国际汇率)，以及国内生产总值第五大国(购买力平价)。从工业革命时期以后，德国一直是日益全球化的经济的先驱、创新者和受益者。德国的经济政策基于社会市场经济的概念。德国是欧盟和欧元区的创始成员之一。凭借其在2012年1.516万亿美元的出口额，德国成为世界第三大出口国。出口额超过三分之一的国家输出。在2013年，德国在全球取得了2700亿美元的贸易顺差，成为全球最大的资本输出国。服务业约贡献了国内生产总值的70%，工业29.1%，农业0.9%。德国的多数产业在工业，特别是在汽车、机械、金属和化工品。世界最有影响力的汽车品牌奔驰、宝马、奥迪、大众、保时捷都位于德国，著名汽车品牌欧宝也诞生在德国（现属于美国通用汽车集团）。汽车生产量仅次于中国、美国和日本，是全球最大的汽车生产国之一。

德国是世界贸易大国，同230多个国家和地区保持贸易关系。德国产品以品质精良著称，技术领先，做工细腻，但成本较高。德国出口业素以质量高、服务周到、交货准时而享誉世界。主要出口产品有汽车、机械产品、化学品、通信技术、供配电设备和医学及化学设备。主要进口产品有化学品、汽车、石油天然气、机械、通信技术和钢铁产品。主要贸易对象是西方工业国，其中进出口一半以上来自或销往欧盟国家。

德国的出口额在2003年之后，连续六年保持世界第一出口大国地位。外贸长期顺差。以企业营业额排名的财富世界500强排行榜中，有32家企业的总部设于德国。德国DAX指数则由30家市值最大的德国公司组成。德国具备专业技术的中小型企业也相当重要。

农业发达，机械化程度很高。农业用地约占德国国土面积的一半，农业就业人口占国内总就业人数的2.12%。

德国是全球八大工业国之一。鲁尔区是德国的传统煤钢工业区。慕尼黑（宝马汽车总部所在地）、汉堡、斯图加特（奔驰和保时捷总部所在地）、沃尔夫斯堡（大众汽车总部所在地）也形成了强大的制造业集群。柏林、莱比锡、德累斯顿则是德国东部的工业重镇。新兴工业集中在慕尼黑一带。德国的主要工业部门有电子、航天、汽车、精密机械、装备制造、军工等。德国产品以品质精良著称，技术领先，做工细腻，但成本较高。德国的工业品在世界享有盛誉，而德国也是西欧最大汽车生产国。

德国非常重视对外投资和招商引资，也很重视与其他国家的合作。英国是德国葡萄酒的第二大出口国，出口量仅次于美国。德国从2010年开始超越了法国，跃居欧洲吸引外资排名第二位，英国排名第一位。

3. 航空运输

（1）主要航空公司

德国汉莎航空集团（LH）于1926年4月6日在德国柏林正式成立。汉莎已发展成为全球航空业领导者和成功的航空集团。德国汉莎航空公司是世界十大航空公司之一。汉莎航空拥有六个战略服务领域，包括客运、地勤、飞机维修（飞机维护、修理和大修（MRO）、航空餐食、旅游和IT服务。在全球拥有400多家海外子公司及附属机构。汉莎航空的核心业务是经营定期的国内及国际客运和货运航班，飞行网络遍布全球450多个航空目的港。

汉莎的核心业务是经营定期的国内及国际客运和货运航班，飞行网络遍布全球450多个航空目的港。除航空运输外，汉莎还向客户提供一系列的整体服务方案。集团旗下拥有“汉莎”和其他品牌，所有的品牌都彰显汉莎秉承一贯为客人提供安全、可信、守时、高品质、极具技术竞争力和灵活创新的服务理念。1997年，汉莎与其他四家世界顶级航空公司成立了全球第一个航空联盟——星空联盟。汉莎是中国市场上最大的欧洲航空公司，拥有中欧航线上最频繁的直飞航班，每周28个直飞航班覆盖中国六座城市——北京、上海、香港、南京、沈阳、青岛。

（2）主要机场

①法兰克福国际机场（FRA）。法兰克福国际机场（FRA），位于德国黑森州法兰克福，是

德国的国家航空公司——德国汉莎航空公司的一个基地。法兰克福国际机场比伦敦的希思罗国际机场提供更多的飞行目的地，以乘客流量来算，法兰克福国际机场在欧洲位列第三位，排在伦敦的希思罗国际机场和巴黎的夏尔·戴高乐国际机场之后。

②慕尼黑机场（MUC）。慕尼黑机场位于德国慕尼黑东北28km的埃尔丁沼泽，紧邻弗赖辛。它于1992年5月17日投入使用，以取代原本因周边密集的住宅而规模无法扩建的慕尼黑—里姆机场。慕尼黑机场是欧洲最大的航空枢纽之一，约100家航空运营商在此提供航班飞往全球69个国家的242个航点。对于汉莎航空和星空联盟成员而言，慕尼黑机场是一个重要的基地枢纽，其转机乘客平均占机场总客运量的37%。若以旅客吞吐量计，慕尼黑机场的规模排名德国第二（仅次于法兰克福机场），同时位居欧洲第七位及世界第三十位。在Skytrax举办的2011年度世界最佳机场大奖中，超过11万人次投票于慕尼黑机场为欧洲最佳机场，并在全球排名第四。

4. 主要城市

（1）柏林

柏林是德国首都，最大的城市，政治、经济中心，现有居民约350万人。柏林位于德国东北部，四面被勃兰登堡州环绕，施普雷河和哈弗尔河流经该市。柏林是德国十六个联邦州之一，和汉堡、不来梅同为德国仅有的三个城市州。柏林是德国主要工业区。工业以电机、电子、仪器、仪表最为发达，其次是机械、冶金、化工、服装、食品加工、印刷等。工业多分布在城市边缘的斯潘道区、夏洛滕堡区、克罗伊茨贝格区、滕珀尔霍夫区及克珀尼克区、特雷普托等工业区。农业用地在柏林面积中占相当比重，为其提供蔬菜、水果、花卉等，是附近地区尤其是东部腹地生产的小麦、燕麦和其他农产品的集散地。交通发达，有环形铁路和高速公路等交通大动脉，并与多条铁路交会，加之空中走廊可与全国各地及欧洲其他国家的主要城市便捷联系。人民生活水平较高，德国人均月收入税后大概有3000欧元。

（2）法兰克福

法兰克福是德国第五大城市，德国乃至欧洲重要工商业、金融和交通中心，位于德国西部的黑森州境内，处在莱茵河中部支流美因河的下游。法兰克福拥有德国最大的航空枢纽、铁路枢纽。法兰克福国际机场（FRA）已成为全球最重要的国际机场和航空运输枢纽之一，也是仅次于伦敦希思罗国际机场和巴黎夏尔·戴高乐国际机场的欧洲第三大机场。法兰克福是德国乃至欧洲重要的工商业、金融服务业和交通中心，全城拥有超过324家银行，经营着德国85%的股票交易、欧洲规模最大的国际性车展。法兰克福大学是德国排名前列的国际顶尖高校，是德国最著名的研究奖Leibniz-Award获得者最多的大学，精英集群数量全德第二，马普所在法兰克福大学有三个合作单位。2012年全球毕业生就业调查显示，法兰克福大学的毕业生就业竞争力排世界第十，德国第一。根据德国每年的城市潜力排行榜数据显示，近五年中，法兰克福已连续三年问鼎榜首。

（3）汉堡

汉堡是德国三大州级市（柏林，汉堡，不来梅）之一，德国第二大城市，也是德国最重要的海港和最大的外贸中心、德国第二金融中心，同时是德国北部的经济和文化大都市。有着"世界桥城"的美称。汉堡是德国北部重要的交通枢纽，是欧洲最富裕的城市之一，也已成为德国的新闻传媒与工业制造业中心。汉堡是世界大港，被誉为"德国通往世界的大门"。世界各地的远洋轮来德国时，都会在汉堡港停泊。除美国西雅图外，汉堡是世界上第二大飞机制造区，生产“空中客车”。汉堡大多数工业和外贸有关。

（4）慕尼黑

慕尼黑也称明兴，是德国巴伐利亚州的首府。慕尼黑分为老城与新城两部分，总面积达310km^2。2010年人口为130万，是德国南部第一大城市，全德国第三大城市（仅次于柏林和汉堡）；都会区人口达到270万。慕尼黑位于德国南部阿尔卑斯山北麓的伊萨尔河畔，是德国主要的经济、文化、科技和交通中心之一。慕尼黑同时又保留着原巴伐利亚王国都城的古朴风情，因此被人们称作“百万人的村庄”。其是生物工程学、软件及服务业的中心。慕尼黑是德国第二大金融中心（仅次于法兰克福），慕尼黑是欧洲重要的出版中心之一，拥有《南德意志报》出版社等众多出版社。

四、阿联酋（The United Arab Emirates，AE）

阿拉伯联合酋长国位于阿拉伯半岛东部，北濒波斯湾，西北与卡塔尔为邻，西和南与沙特阿拉伯交界，东和东北与阿曼毗连海岸线长734km，总面积83600km^2，首都阿布扎比。

1. 自然环境

（1）地理位置

阿联酋位于阿拉伯半岛东部，北濒临波斯湾，海岸线长734km。西和南与沙特阿拉伯交界，东和东北与阿曼毗连，是由阿布扎比、迪拜、沙迦、哈伊马角、富查伊拉、乌姆盖万和阿治曼7个酋长国组成的联邦国家。西北与卡塔尔为邻、西和南与沙特阿拉伯交界、东和东北与阿曼毗连，总面积为83600km^2。

（2）气候

阿拉伯联合酋长国属热带沙漠气候。

（3）自然资源

阿拉伯联合酋长国的石油和天然气资源非常丰富。截至2014年，已探明石油储量占世界石油总储量的9.5%，居世界第6位；天然气储量居世界第5位。

2. 经济环境

1960年发现石油以前，阿联酋的经济支柱是珍珠。1960年以后转变为石油。阿联酋以石油生产和石油化工工业为主，同时注重发展经济多样化。政府在发展石化工业的同时，把发展多样化经济，扩大贸易，增加非石油收入在国内生产总值中的比例当作其首要任务，注意利用天然气资源，发展水泥、炼铝、塑料制品、建筑材料、服装、食品加工等工业，重视发展农、牧、渔业；政府充分利用各种财源，重点发展文教、卫生事业，完成和扩大在建项目。

整个阿联酋的石油储藏量，阿布扎比占了90%以上，而迪拜的石油储藏量相当小。所以，阿布扎比才算得上是真正的石油国家。而迪拜的繁华也并不是因为有石油。它的发展建设是全方位的多元化的。20世纪70年代开运河、20世纪80年代做贸易、20世纪90年代推广观光旅游，到21世纪，这里已经是中东地区的转运中心，观光旅游购物城、科技网络城。旅游经济已成为迪拜的主要经济收入来源之一。此外，阿布扎比的旅游业也相当的发达，年平均增长率是15%～20%。21世纪起，阿拉伯联合酋长国发展了民航产业，如阿布扎比王室投资的阿提哈德航空。阿联酋农业不发达。阿联酋农业、畜牧业和林业的产值占国内生产总值的3%。主要农产品有椰枣、玉米、蔬菜、柠檬等。粮食依赖进口。

1995年,阿拉伯联合酋长国加入世界贸易组织。阿拉伯联合酋长国与179个国家和地区有贸易关系。外贸在经济中占有重要位置。阿拉伯联合酋长国主要出口石油、天然气、石油化工产品、铝锭和少量土特产品;主要进口粮食、机械和消费品。

3. 航空运输

截至2014年,阿联酋有阿布扎比、迪拜等6个国际机场,10个直升机机场。2004年客流量达2200万人次。在全球航空公司的竞争排序中,阿联酋航空公司居阿拉伯国家首位。阿已同包括中国在内的35个国家签订了双边航空协定,世界各国的60个航空公司有定期航班飞往阿的各机场。

(1)主要航空公司

①阿联酋航空公司(EK)。阿联酋航空公司,也称为阿拉伯联合酋长国航空公司。阿联酋航空成立于1985年10月25日,阿联酋航空向政府贷款1000万美元启动公司业务,当时它只有2架租来的飞机和3条航线。成立短短5个月后,阿联酋航空就将自己的第一架飞机送上了蓝天。总部设于迪拜,以迪拜国际机场为基地。阿联酋航空公司的母公司称为阿联酋航空集团(The Emirates Group)。阿联酋航空由迪拜酋长国政府拥有。阿联酋航空是全球发展最快的航空公司之一,是世界为数不多的清一色大型飞机的航空公司。阿联酋航空订购的空客A380飞机总数达到140架,截至2015年4月21日,已接收60架A380。阿联酋航空航线网络服务范围覆盖欧洲、中东、远东、非洲、亚洲及澳洲,在全球连接超过90个目的地。2002年阿联酋航空开通了至中国的直航航班。阿联酋航空拥有最年轻及现代化的机队,客机平均机龄只有55个月。阿联酋航空占迪拜国际机场飞机升降量超过50%。阿联酋航空计划把迪拜发展成完善的航空中心,以作为全球远程飞行枢纽。

②阿提哈德航空公司(EY)。阿提哈德航空是阿拉伯联合酋长国的国家航空公司,总部设在阿联酋首都阿布扎比,于2003年11月开始商业运营,是阿联酋第二大航空公司,仅次于总部位于迪拜的阿联酋航空,同时也是中东第四大航空公司。阿提哈德航空是阿拉伯航空运输组织会员之一,以阿布扎比国际机场为航空枢纽,阿提哈德航空的飞机往返于中东、非洲、欧洲、亚洲、大洋洲和北美洲的86个客运和货运目的地。阿提哈德航空拥有柏林航空、塞舌尔航空、澳洲维珍航空、爱尔兰航空、意大利航空、塞尔维亚航空、捷特航空的股份,成为商业航空历史上发展最快的航空公司。机队规模112架,平均机龄5.7年。

(2)主要机场

①迪拜国际机场(DXB)。迪拜国际机场是阿拉伯联合酋长国迪拜的主要机场,也是阿联酋航空公司的枢纽港,可起降目前所有的机型。已完工的阿勒马克图姆国际机场,未来将辅之以现有的迪拜国际机场。建设迪拜国际机场的设想于1959年提出,1960年举行了落成典礼。迪拜国际机场是中东地区最大的航空枢纽。同时也是中东地区重要的航空中途站之一,许多来往于亚洲、欧洲及非洲间的飞机中停于此。因为机场内拥有众多的商店,因此它成了在阿联酋购物免税商品的主要场所。

②阿布扎比国际机场(AUH)。阿布扎比国际机场位于阿联酋的首都阿布扎比市,是全

球客流量、新航班增开数量和基础设施投资发展最快的机场之一。阿布扎比机场是阿联酋第二大机场，航站楼区域由阿联酋第二大航空公司——阿提哈德航空公司管理，共有三个航站楼。

4. 主要城市

（1）阿布扎比

阿布扎比是阿拉伯联合酋长国的首都，也是阿布扎比酋长国的首府。阿布扎比位于阿拉伯联合酋长国的中西边海岸，位于波斯湾的一个T字形岛屿上。有80%人口是移民自其他国家。石油改变了阿布扎比的命运，阿布扎比坐拥全球第五大石油蕴藏座。阿布扎比国发现石油后，成为联合酋长国最大产油国，该市经济迅速发展。商业、工业、旅游业和服务业兴旺。工业主要有建材、面粉、家具、纸袋、印刷、化学等部门。城东乌姆纳尔岛，建有炼油厂、海水淡化厂。城东北萨迪亚特岛有温室农场，以淡化海水灌溉，大量生产蔬菜。轻工业集中在附近的穆萨法。阿布扎比是全国公路和空运中心。扎伊德港是阿布扎比进口商品的重要口岸，位于阿布扎比岛的东北部。出口以石油为主，进口以食品、纺织品和各种日用消费品为主。市区有大量古建筑。阿布扎比的旅游业发达，70%的游客来自欧洲国家。

（2）迪拜

迪拜是现代化的国际大都市，阿拉伯联合酋长国人口最多的城市，继阿布扎比之后第二大酋长国，中东最富裕的城市，中东地区的经济和金融中心，被称为中东北非地区的“贸易之都”。迪拜位于阿拉伯半岛中部、阿拉伯湾南岸，是海湾地区中心。与南亚次大陆隔海相望，与卡塔尔为邻、与沙特阿拉伯交界、与阿曼毗连。常住人口约262万人，本地人口占20%左右，外籍人士来自全球200多个国家和地区。中国人常住迪拜的有约20万人，其他外籍人士来自诸如埃及、黎巴嫩、约旦、伊朗、印度、巴基斯坦、菲律宾等，官方语言为阿拉伯语和英语。英语是最主要的商业语。迪拜本地人信仰伊斯兰教。迪拜拥有世界上第一家七星级酒店（帆船酒店）、世界最高的摩天大楼（哈利法塔）、全球最大的购物中心、世界最大的室内滑雪场等，以活跃的房地产、赛事、会谈等近乎世界纪录的特色吸引了全世界的目光。

迪拜，已经发展为全球性国际金融中心之一，成为了东、西方各资本市场之间的桥梁，同时也成为了重要的物流、贸易、交通运输、旅游和购物中心，是2020年世界博览会主办城市。

迪拜凭借优越的地理位置，实行自由和稳定的经济政策，大力发展转口贸易业、旅游业等非石油产业，还着重发展现代高科技产业，建成了一系列现代化配套基础设施。

迪拜的石油蕴藏量比阿布扎比还少百分之十几至二十几，迪拜政府不想倚重不多的石油存量，所以致力使经济多元化，大力发展商业及刺激公司活动，以增加财政收入来源。迪拜经济从依赖石油向服务、观光业转变，使得迪拜不动产升值；建筑业的快速增长，让城市建设经历了前所未有的发展。旅游业随着迪拜乐园及其他主题公园、度假胜地、体育场地等旅游基础设施的建造也得到了快速发展。

第四节 三区主要国家航空运输地理

一、日本（Japan，JP）

日本，全称日本国，位于亚洲东部、太平洋西北。国名意为“日出之国”，领土由本州、四国、九州、北海道四大岛及7200多个小岛组成，总面积约37.79万km^2。主体民族为和族，通用日语，总人口约1.26亿。

1. 自然环境

（1）地理位置

日本位于亚欧大陆东部、太平洋西北部，领土由北海道、本州、四国、九州四大岛和其他7200多个小岛屿组成，因此也被称为“千岛之国”。日本陆地面积约37.79万km^2。日本东部和南部为一望无际的太平洋，西临日本海、东海，北接鄂霍次克海，隔海分别和朝鲜、韩国、中国、俄罗斯、菲律宾等国相望。

（2）气候

日本以温带和亚热带季风气候为主，夏季炎热多雨，冬季寒冷干燥，四季分明。全国横跨纬度达25°，南北气温差异十分显著。日本是世界上降水量较多的地区。主要原因包括了日本海侧地区冬季的降雪；6、7月（冲绳、奄美为5、6月）间连绵不断的梅雨；以及夏季到秋季登陆或接近日本的台风。

（3）地形

日本是一个多山的岛国，山地成脊状分布于日本的中央，将日本的国土分割为太平洋一侧和日本海一侧，山地和丘陵占总面积的71%，大多数山为火山。国土森林覆盖率高达67%。富士山是日本的最高峰，海拔3776m，被日本人尊称为圣岳。日本群岛位于亚欧板块和太平洋板块的交界地带，即环太平洋火山地震带，火山、地震活动频繁，危害较大的地震平均3年就要发生1次。日本的平原主要分布在河流的下游近海一带，多为冲积平原，规模较小，较大的平原有石狩平原、越后平原、浓尾平原、十胜平原等，其中面积最大的平原为关东平原。日本平原面积狭小，耕地十分有限。

（4）地质

日本位于亚欧板块和太平洋板块的消亡边界，为西太平洋岛弧—海岸山脉—海沟组合的一部分。全国68%的地域是山地。日本最高的山是著名的富士山，海拔3776m。日本位于环太平洋火山地震带，全球有十分之一的火山位于日本，在全国都时常会发生火山活动。据统计，世界全部里氏规模6级以上的地震中，超过二成都发生在日本。

（5）水资源

日本境内河流流程短，水能资源丰富，最长的信浓川长约367km；最大的湖泊是琵琶湖，面积672.8km²。日本海岸线全长33889km。由于日本是一个岛国，因此其海岸线十分复杂。西部日本海一侧多悬崖峭壁，港口稀少，东部太平洋一侧多入海口，形成许多天然良港。

(6)自然资源

日本自然资源贫乏，除煤炭、天然气、硫黄等极少量矿产资源外，其他工业生产所需的主要原料、燃料等都要从海外进口。但是，日本森林和渔业资源丰富，森林覆盖率占日本陆地面积的69%，是世界上森林覆盖率最高的国家之一。北海道和日本海是世界著名的大渔场，盛产700多种鱼类。

2. 经济环境

日本经济高度发达，国民拥有很高的生活水平。人均国内生产总值39731美元，是世界第17位。若以购买力平价计算，国内生产总值位居世界第3位(次于美国和中国)，人均国内生产总值是世界第23位。

日本的服务业，特别是银行业、金融业、航运业、保险业以及商业服务业占国内生产总值最大比重，而且处于世界领导地位，首都东京不仅是全国第一大城市和经济中心，更是世界数一数二的金融、航运和服务中心。自二次大战后，日本的制造业得到迅速发展，尤其电子产业和汽车制造业。日本三菱是世界上仅次于美国通用的超级企业财阀，2007年仅在三菱旗下的世界五百强企业就达到了11家。日本的电子产业和高科技著名制造商包括索尼、松下、佳能、夏普、东芝、日立等公司。汽车业方面，日本公司的汽车生产量超越美国和德国，是全球最大的汽车生产国。其中丰田、马自达、本田和日产等制造商，均有出产汽车行销全球。日本拥有世界资产最庞大的银行邮储银行，三菱UFJ金融集团、瑞穗金融集团和三井住友金融集团在世界金融界具有举足轻重的地位。东京证券交易所是仅次于纽约证券交易所的世界第二大证券交易所。

(1)农业

日本只有12%土地是可耕地，为了弥补此缺点日本使用系统化耕作零碎地。使得日本有世界最高的精密农业成果，也就是单位土地产量世界第一。

(2)工业

日本工业高度发达，工业结构向技术密集型和节能节材方向发展。主要部门有电子、家用电器、汽车、精密机械、造船、钢铁、化工和医药等，工业产品在国际市场上具有很强的竞争力。主要工业区大都集中在太平洋沿岸。

日本的科学研发能力位居世界第二，应用科学、机械及医学等领域尤为突出。日本在电子、手机通信、低耗能环保车、机械、工业机器人、光学、化学、半导体和金属等多项领域具有世界领先技术且屡获殊荣。日本的工业用机器人产量占世界一半以上。

日本服务业产值极为重要，占了全国3/4的经济产值。银行、保险、房产中介、零售(百货)、客运、通信都算是服务业。如三菱UFJ、Mizuho、NTT、TEPCO、Nomura、三菱地产、新东京海上产物、JR铁路。全日空等公司都在各自的领域位于龙头地位。日本有326家企业名列全球福布斯2000大排名占16.3%(2006年)。可见，在未来，服务业将是日本最大规模的产业，也是最主要的工作机会提供者。

外贸在国民经济中占重要地位。日本从20世纪50年代开始确立了贸易立国的发展方针。“入关”后，日本开始取得和其他缔约方同样的平等地位。按照关贸总协定中的最惠国待遇的基本原则，同大多数国家和地区进行自由贸易，为日本对外贸易规模的不断扩大创造了有利的国际市场条件。此后，日本对外贸易迅速增长，主要贸易对象为美国、亚洲国家和欧盟国家。主要进口商品有：原油、天然气等一次能源、食品、原材料等；主要出口商品有：汽车、电器、一般机械、化学制品等。主要贸易对象是中国大陆、美国、东盟、韩国、中国台湾、中国香港、德国等。

3. 航空运输

近些年，受到经济环境的影响，日本的航空运输行业也受到一些影响，但仍然是航空运输大国。

（1）主要航空公司

①日本航空公司（简称日航，JL）。日航是日本的国家航空公司，同时为寰宇一家成员之一。总部设于东京，其以成田国际机场（国际线）及东京国际机场（国内线）为基地，服务全球229个航点。原为日本规模最大的航空公司，在2010年1月申请破产保护后被全日空超越，但仍拥有日本各航空业者中最多的国际航线航点及搭乘人次。

日本航空起源于1953年10月1日，当时是由日本政府立法成立的国有航空公司。1954年，日本航空开办了第一条飞往美国的跨太平洋国际航线。经过30年的扩展，日本航空在1987年实现完全民营化。2002年，日本航空与当时日本第三大航空公司日本佳速航空合并。日本航空的安全措施亦为国际航空运输协会所认可。日本航空现使用波音767-300ER、波音777-200ER、波音777-300ER、波音787等作中长程国际飞行；短程及内陆则使用波音737、767及787。集团内另有4间营运国内线的航空公司：J-Air、日本空中通勤（JAC）、日本越洋航空（JTA）及琉球空中通勤（RAC），提供接驳服务及往次要航点的短途航班。日本航空公司业务与产品包括：预定航班运输服务、非预定运输服务、飞机维修服务以及其他有关空运和飞机维护的业务。日本航空自1951年开始运营以来，作为日本代表性的航空企业长期从事着国际和国内航线的运营。日航的航线遍布世界各地。航线网络延伸至亚洲、欧洲、北美洲以及巴西、澳大利亚、关岛。日本航空公司连同其附属的日本航空快捷（JAL Express）、J-Air、日本越洋航空（Japan Transocean Air，JTA），国内航班每天超过一千班次；国际航班每周超过一千七百班次。

②全日本航空公司（简称全日空，NH）。全日本空输（ANA）是一家日本的航空公司。全日空的母公司是“全日本空输”集团。全日空是亚洲最大的航空公司之一。全日空是“星空联盟”航空联盟成员之一。全日空主要业务包括定期航空运输业务；非定期航空运输业务；采购、销售、出租和保养飞机及飞机零件业务；航空运输地面支援业务。全日空在日本主要城市之间拥有全面航线网络，其国际航线延伸到亚洲、北美、欧洲等地。全日空航线网络优势在日本国内、亚洲地区。全日空开办的国际航线通达40余个目的地。全日空在日本国内占有较大的市场份额，每天有800多个航班，接近日本国内市场的50%。全日空是亚洲最大的航空公司之一。

（2）主要机场

①东京羽田国际机场（HND）。东京羽田国际机场建于1931年8月，最早是一所国营的民航机场。第二次世界大战后，为美军所接管。1952年再次开放，作为首都东京航空运输的出入门户，经营国际和国内航空客货运输业务。

②东京成田国际机场(NRT)。东京成田国际机场于1978年建立,位于日本关东地区,距东京市区68km之遥的千叶县成田市,是日本最大的国际航空港。东京成田国际机场年旅客吞吐量居日本第二位(第一位为羽田机场),货运吞吐量居日本第一、全球第三。成田空港是日本航空、全日空、美国联合航空公司、美国西北航空公司(已被收购,现为达美航空成员)、美国达美航空公司的亚洲枢纽港。根据日本机场分类法,东京成田机场与东京羽田机场、大阪国际机场、关西国际机场和中部国际机场被统一划分为一类机场。

③大阪关西国际机场(KIX)。大阪关西国际机场建造在大阪湾的人工岛屿上,是一座位于日本大阪府泉佐野市的机场,邻近有神户机场、大阪伊丹国际机场,有跨海大桥与大阪相连。大阪关西国际机场是世界上第一个填海机场。关西国际机场的国际货运航班数量不断刷新最高纪录。其中,面向中国的货运航班网络可誉为日本最大,并且通过同日本国内货运航班的联合,作为"日本的门户"将日本全国的航空货物运往亚洲各地以及北美、欧洲等地,从国际国内两方面发挥着中继物流据点的功能作用。

④名古屋中部国际机场(NGO)。名古屋中部国际机场为日本中部地区的一个国际机场,位于日本爱知县名古屋市以南的常滑市。其被建设在伊势湾上的一个人工岛上,于2005年2月17日正式启用。名古屋中部国际机场是进出日本的重要门户,根据日本机场分类法,其与东京的成田机场和羽田机场、大阪的大阪国际机场和关西国际机场被统一划分为日本国内的一类机场。

4. 主要城市

(1)东京

东京为日本国首都,位于日本本州岛关东平原南端。东京古称江户,是日本自德川幕府时代以来的主要都市之一,明治维新迁都江户,改名东京,自此成为日本首都。后逐渐发展成为日本政治、经济、文化、交通等众多领域的枢纽中心,亦为世界经济发展度与富裕程度最高的都市之一。根据建成区面积、人口以及国民生产总值等指标,东京是亚洲第一大城市,世界第二大城市,全球最大的经济中心之一。东京都市圈是目前全球最大的都市区和都会区。此外,东京拥有目前全球最复杂、最密集且运输流量最高的铁道运输系统和通勤车站群,其中东京地铁系统每日平均客运量达1080万人次,繁忙程度居全球地铁首位。

(2)大阪

大阪位于日本西部近畿地方大阪府的都市(ōsaka),是大阪府的府厅所在地,也是政令指定都市之一。大阪市面积223km^2,总人口约有267万人,是日本次于东京、横滨人口第三多的城市。大阪拥有以钢铁、机械制造、金属加工为主的重工业和以纺织、印刷、食品、造纸和化工为主的轻工业。市内有10万余家各类商店。大阪也以独特的文化而著称。在城市的阪急区,还有繁华的地下街。工商活动规模和大众运输捷运铁道密度均居日本前茅。大阪市与东京(区部)同为全国经济、文化中心,1889年设市后工业迅速发展。大阪是阪神工业地带的核心,工业生产规模仅次于东京(区部)。轻重工业综合发展,化学、机械、钢铁、金属加工、出版、印刷、电机最为重要。西部临海地域为重化工业集中区、海陆空交通枢纽,出口钢铁、录像机、机械、金属制品等,进口工业原料、矿产品等。周围多卫星城市,相互毗连,为东海道城市地带的一环。服务业是大阪经济中占比重最大的产业,其中又以商业、金融业、信息产业等占比重较大。

(3)名古屋

名古屋市是日本爱知县的首府,也是日本三大都市圈(东京大都市圈,京阪神大都市圈,名古屋大都市圈)之一。同时,作为重要的港口城市,名古屋港也是日本的五大国际贸易港之一。名古屋市是中京工业核心地带的代表性城市之一,经济十分发达。名古屋市为日本陆、海、空的重要交通枢纽,交通十分发达。市内有许多铁路干线、公路干线通过,还有总长30km的地铁。作为东海道新干线的枢纽站之一,名古屋市还与东名、名神、中央道、东名阪等高速公路相通。名古屋港是仅次于横滨、神户的日本第三大国际贸易港,与此同时,名古屋中部国际机场也被称为"日本中部地区的空中门户"。

二、韩国(Korea, KR)

韩国,全称大韩民国,简称韩国,又称南韩、南朝鲜,成立于1948年8月15日。韩国位于东北亚朝鲜半岛南部,三面环海,西濒临黄海,与胶东半岛隔海相望,东南是朝鲜海峡,东边是日本海,北面隔着三八线非军事区与朝鲜相邻,领土面积占朝鲜半岛总面积的4/9。韩国是20国集团和经合组织(OECD)成员之一,也是亚太经合组织(APEC)和东亚峰会的创始成员,是亚洲四小龙之一。自20世纪60年代以来,韩国政府实行了"出口主导型"开发经济战略,缔造了举世瞩目的"汉江奇迹",是拥有完善市场经济制度的经合组织发达国家,也是未来11国中唯一一个发达国家。韩国的资讯科技产业多年来一直较强,制造业与科技产业发达,除高速互联网服务闻名世界外,内存、液晶显示器及等离子显示屏等平面显示装置和移动电话都在世界市场中占据领导地位。

1. 自然环境

(1)地形

山地占朝鲜半岛面积的三分之二左右,地形具有多样性,低山、丘陵和平原交错分布。低山和丘陵主要分布在中部和东部,海拔多在500m以下。汉拿山位于济州岛的中心,海拔1950m,是韩国的第一高峰。平原主要分布于南部和西部,海拔多在200m以下。黄海沿岸有汉江平原、湖南平原等平原,南海沿岸有金海平原、全南平原及其他小平原。

(2)气候

韩国北部属温带季风气候,南部属亚热带气候,海洋性特征显著。冬季漫长寒冷,夏季炎热潮湿,春秋两季相当短。年平均降水量1500mm左右,其中6—8月雨量较大,降雨量为全年的70%。年均降水量约为1500mm,降水量由南向北逐步减少。韩国四季分明,春、秋两季较短;夏季炎热、潮湿;冬季寒冷、干燥,时而下雪。韩国各地区之间温差较大。

(3)自然资源

韩国矿产资源较少,已发现的矿物有280多种,其中有经济价值的约50多种。有开采利用价值的矿物有铁、无烟煤、铅、锌、钨等,但储量不大。由于自然资源匮乏,主要工业原料均依赖进口。

2. 经济环境

韩国经济是市场经济模式, 20国集团成员之一的世界主要经济体,是拥有完善市场经济制度的经合组织发达国家。韩国是亚洲四小龙之一,也是未来11国中唯一一个发达国家，是世界上经济发展速度最快的国家之一。韩国创造的经济繁荣被称为“汉江奇迹”。韩国是个外向型经济，国际贸易在韩国国内生产总值中占有很大的比重，是世界第七大出口国和第七大进口国。

（1）农业

韩国农业资源禀赋非常稀缺，现有耕地面积183.56万公顷（18.4%是农耕地），是世界人均耕地面积最少的国家之一。韩国农产品因此较多依赖国外进口。除了大米和薯类能基本自给外，其他粮食85%需要进口。另外韩国60%以上的牛肉、鱼贝类，20%水果、禽肉和奶都需要从国外进口，只有砂糖和蛋可以完全自给。韩国农业以小规模家庭经营为主。随着韩国经济的飞速发展，农业在韩国国内生产总值的比重不断快速下降。韩国城市化发展速度很快，农业劳动力流失和老龄化问题严重。韩国农业生产结构中种植业特别是大米的比例较高，而畜牧业等的比重小。不过粮食作物的面积有减少的趋势，高附加值作物、蔬菜和水果的面积在种植业中的比重在增加，高经济附加值的作物高丽参和芝麻占韩国农业生产的1.6%。韩国政府对农业一直采取保护扶植政策，农业补贴占韩国国内生产总值的4.7%，居世界前列。韩国在农产品贸易上实行许可制和高关税制，以保护本国农业发展。韩国的农产品价格比国际农产品价格平均高2.85倍。不过在全球贸易自由化的进程中，韩国也不得不逐步开放农业市场。这使得相应的国内生产大幅度地减少。

（2）能源

韩国是能源消费大国，占世界能源消费的2.1%，居第八位。由于能源资源匮乏，韩国97%的能源消费依赖进口。韩国是世界第二大液化天然气进口国和第二大煤炭进口国。韩国石油消费居世界第七位。韩国很重视核能的发展，是世界第五大核电生产国。韩国也很重视新能源和可再生能源的发展。早在1987年韩国国会就制定了《新能源和可再生能源发展促进法》。韩国政府对每个10年发展都制定《新能源和可再生能源基本计划》，同时对发展新能源和可再生能源给予政策支持。

（3）制造业

韩国制造业作为韩国经济的主导产业。韩国在钢铁、造船、汽车、半导体及数码产品等制造业有着较强的国际竞争力，多数产品拥有自主品牌，在国际产业链中的地位在不断提高。

韩国是世界造船大国，很长一段时间也是世界第一大造船国。全球船厂前十强中韩国占有七席，其中现代重工、三星重工、大宇造船海洋株式会社和STX造船海洋是世界前四大造船厂。韩国是世界电子产品的佼佼者，内存、液晶显示器及等离子显示屏等平面显示装置和移动电话都在世界市场中占有较高地位。世界知名的韩国电子产品制造商有三星、LG、SK等，其中三星是全球最大的信息技术公司。

3. 航空运输

（1）主要航空公司

①大韩航空公司（KE）。大韩航空株式会社成立于1969年，前身是1946年成立的韩国国家航空，是大韩民国最大的航空公司，同时也是亚洲最具规模的航空公司之一，属于天合联盟和韩进集团的成员之一。仁川国际机场为大韩航空的国际枢纽港，经营欧洲、非洲、亚洲、大洋洲、北美洲及南美洲航线；而金浦机场则为国内枢纽港。大韩航空是全球20家规模最大的航空公司之一，每天飞行近400个客运航班，穿梭于40个国家的126个城市之间。截

至2013年9月30日，大韩航空拥有148架飞机，包含空客380系列、330系列和300系列，以及波音777系列、737系列和747系列。大韩航空还是环球航空联盟——“天合联盟”的创立成员之一。大韩航空业务类型涉及乘客、货物航空运输、维护服务、餐饮、酒店等。大韩航空(KAL)是世界上最大的越洋货物运载企业之一，拥有庞大的货运机队，并在全球八大机场中拥有货运站。从1997年起，均被“国际航空运输协会”(IATA)评为世界第二大商业航空货运企业。大韩航空凭借在航线拓展和机队现代化上的不断努力，连续六年保持了国际航空货运世界第一的位置。

②韩亚航空公司(OZ)。韩亚航空于1988年2月17日成立，并在同年12月23日开办飞往釜山的航班，而1987年至20世纪90年代采用的徽号是人类双手张开图案，并将济州与首尔作为国内航线的中枢点。韩亚航空是由母公司锦湖韩亚集团根据韩国政府政策成立的韩国第二间国家航空公司，原称作首尔国际航空。主要产业有航空运输、机内销售、供油服务等。机队规模73架，14条国内航线、84条国际客运航线、21条国际货运航线。凭借高品质的安全服务和模范式经营，韩亚航空客服正式上线。韩亚航空连续四年获得SKYTRAX评选的五星级航空公司美誉(全球仅七家)，连续六年蝉联《GLOBAL TRAVELER》最佳机内服务和乘务员奖，2009年获得有航空界诺贝尔奖之称的ATW评选出的“2009年度最佳航空公司AIRLINE OF THE YEAR”荣誉称号。2010年在SKYTRAX评选的“年度最佳航空公司”(全球1800万顾客参与评选)中名列首位，是目前唯一连续两年获得ATW和SKYTRAX最高奖项的航空公司，实现了航空业界大满贯。

(2)主要机场

①首尔金浦国际机场(GMP)。首尔金浦国际机场位于韩国首尔市，是属于韩国国内航班为主的机场；也有飞往上海虹桥和东京羽田的航班。金浦机场到市区距离17km，曾经是东北亚地区最繁忙的机场之一。仁川机场启用后，金浦机场成为以国内航班为主的次要机场。

②仁川国际机场(ICN)。仁川国际机场是韩国最大的民用机场，是亚洲第6位最繁忙的国际机场，于2001年启用，代替旧有金浦国际机场的国际航线枢纽地位。机场坐落在韩国著名的海滨度假城市仁川广域市西部的永宗岛上。仁川机场距离首尔市52km，离仁川海岸15km。周围无噪声源影响，自然条件优越，绿化率达30%以上，环境优美舒适，加上其整体设计、规划和工程都本着环保的宗旨，亦被誉为“绿色机场”。仁川国际机场是韩国国际客运及货运的航空枢纽，同时也是韩国最大的两家航空公司——大韩航空及韩亚航空的主要枢纽。根据瑞士日内瓦国际机场协会(ACI) 2005年到2010年的调查，仁川国际机场连续6年获得“全球服务最佳机场”第一名。

4. 主要城市

(1)首尔

首尔，全称首尔特别市，旧称汉城，大韩民国首都，是朝鲜半岛最大的城市，亚洲主要金融城市之一；也是全韩的政治、经济、科技、文化中心。首尔全市下辖25区，面积约605.25km^2，是世界上人口密度极高城市之一。虽然首尔仅占韩国面积的0.6%，但其生产总值却占国内生产总值的21%。消费者物价指数居世界第五。同时也是高度数字化的城市，网速和数字机会指数均居世界首位。从产业上看，首尔的金融、房地产、电信、批发和零售行业相对比重高于韩国其他地区的平均水平。

(2)釜山

釜山，是韩国第一港口和第二大城市，历史上一直是东亚大陆和海洋文化交流的纽带和桥梁。釜山位于韩国首尔东南端450km处，城市中的温泉星罗棋布，群山环抱，是一个风景秀丽的海滨城市，已经发展为多种文化共存的国际性现代都市。釜山工业仅次于首尔，深入纺织、机械、化工、食品、木材、水产品加工等各领域，其中机械工业尤为发达，造船、轮胎生产居韩国首位。釜山镇海经济自由区的建立进一步巩固了釜山地区贸易中心和金融中心的地位。

三、新加坡(Republic of Singapore， SG)

新加坡，全称为新加坡共和国，旧称新嘉坡、星洲或星岛，别称为狮城，是东南亚的一个岛国，政治体制实行议会制共和制。新加坡北隔柔佛海峡与马来西亚为邻，南隔新加坡海峡与印度尼西亚相望，毗邻马六甲海峡南口，国土除新加坡岛之外，还包括周围数岛。新加坡是一个多元文化的移民国家，促进种族和谐是政府治国的核心政策，新加坡以稳定的政局、廉洁高效的政府而著称，是全球最国际化的国家之一。新加坡是亚洲的发达国家，被誉为“亚洲四小龙”之一，其经济模式被称为“国家资本主义”。根据2014年的全球金融中心指数(GFCI)排名报告，新加坡是继纽约、伦敦、香港之后的第四大国际金融中心，也是亚洲重要的服务和航运中心之一。新加坡是东南亚国家联盟(ASEAN)成员国之一，也是世界贸易组织(WTO)、英联邦(The Commonwealth)以及亚洲太平洋经济合作组织(APEC)成员经济体之一。

1. 自然环境

(1)地理位置

新加坡毗邻马六甲海峡南口，北隔狭窄的柔佛海峡与马来西亚紧邻，并在北部和西部边境建有新柔长堤和第二通道相通。新加坡的土地面积是719.1km^2。

(2)地形

新加坡地势起伏和缓，其西部和中部地区由丘陵地构成，大多数被树林覆盖，东部以及沿海地带都是平原，地理最高点为武吉知马，高163m。

(3)气候

新加坡地处热带，长年受赤道低压带控制，为赤道多雨气候，气温年温差和日温差小。平均温度在23～34℃之间，年均降雨量在2400mm左右，湿度介于65%～90%之间。

2. 经济环境

新加坡属外贸驱动型经济，以电子、石油化工、金融、航运、服务业为主，高度依赖美、日、欧和周边市场，外贸总额是国内生产总值的四倍。经济长期高速增长。为刺激经济发展，政府提出“打造新的新加坡”，努力向知识经济转型，并成立经济重组委员会，全面检讨经济发展政策，积极与世界主要经济体商签定自由贸易协定。根据2014年的全球金融中心指数(GFCI)排名报告，新加坡是全球第四大国际金融中心。新加坡政府为加快工业化过程、促进经济发展，创建了裕廊工业区。新加坡的工业主要包括制造业和建筑业。制造业产品主要包括电子、化学与化工、生物医药、精密机械、交通设备、石油产品、炼油等产品。迄今新加坡已经成为东南亚最大修造船基地之一，以及世界第三大炼油中心。新加坡的服务业扮演着重要的经济角色，主要产业包括批发与零售业（含贸易服务业）、商务服务业、交通与通信、金融服务业、膳宿业（酒店与宾馆）、其他共六大门类。批发与零售业、商务服务业、交通与通信业、金融服务业是新加坡服务业的四大重头行业，其中批发与零售业由于包括贸易在内，因此份额最大。新加坡的旅游业占国内生产总值的比重超过3%，旅游业是新加坡外汇主要来源之一。游客主要来自东盟国家、中国、澳洲、印度和日本等地。外贸是新加坡国民经济重要支柱，进出口的商品包括：加工石油产品、化学品、消费品、机器之零件及附件、数据处理机及零件、电信设备和药品等。主要贸易伙伴：马来西亚、泰国、中国、日本、澳洲、韩国、美国、欧盟、印尼等。

3. 航空运输

新加坡拥有8个机场，其中新加坡樟宜机场及实里达机场是国际民航机场，其余则用于军事用途，主要有新加坡航空公司及其子公司胜安航空、新航货运和酷航等。

（1）新加坡航空公司（SQ）

新加坡航空有限公司（简称新航）是新加坡的国家航空公司。新加坡航空以樟宜机场为基地，主要经营国际航线，在东南亚、东亚和南亚拥有强大的航线网络，并占据袋鼠航线的一部分市场。除此之外，新加坡航空的业务还有跨太平洋航班，包括以A340-500来营运的全球最长的直航航班新加坡—纽约和新加坡—洛杉矶。新航还是首个营运全球最大型的客机A380的航空公司。其全资附属公司“胜安航空”，主要飞向亚洲容量较小的二级城市，以满足不同需求。新加坡航空公司的子公司新航货运经营的专用货机机队，还一并管理着新航客机舱的货运业务。能力新航的客机。新航拥有维尔京大西洋航空公司49 %股权和廉价航空虎航49 %的股份。新加坡航空有限公司的排名位居世界前列，是亚洲第8大航空公司和全球国际乘客人数排第6大的航空公司。新加坡航空公司一直被誉为最舒适和最安全的航空公司之一，新航被称为最安全的航空公司的主要原因是公司拥有最年轻的飞机群，飞机的平均机龄为6.6年。新航假期是新加坡航空公司旗下，为自由行游客推出的高品质旅行度假产品。依托新航及其全资区域子公司胜安航空强大的航线网络，提供往返机票、酒店住宿、机场接送及精选目的地旅游等多样超值的旅游套餐组合。

（2）新加坡樟宜国际机场（SIN）

新加坡樟宜国际机场是一座位于新加坡樟宜的国际机场，占地13km^2，距离市区17.2km。樟宜机场是新加坡主要的民用机场，也是亚洲重要的航空枢纽。樟宜机场由新加坡民航局营运，是新加坡航空、新加坡航空货运、捷达航空货运、欣丰虎航、胜安航空、捷星亚洲航空和惠旅航空的主要运营基地。此外，它亦是加鲁达印尼航空公司的枢纽和澳洲航空的第二枢纽，其中后者利用新加坡作为中途站来营运欧澳两地的袋鼠航线，是樟宜机场最繁忙的外国航空公司，每年利用本机场输送超过200万名乘客。

四、澳大利亚（The Commonwealth of Australia，AU）

澳大利亚，全称为澳大利亚联邦。其领土面积7686850km^2，四面环海，是世界上唯一一个国土覆盖整个大陆的国家。拥有很多独特的动植物和自然景观的澳大利亚，是一个奉行多元文化的移民国家。1788年至1900年，其曾是英国的殖民地。1901年，殖民统治结束，成为一个独立的联邦国家。澳大利亚是一个高度发达的资本主义国家。作为南半球经济最发达的国家和全球第12大经济体、全球第四大农产品出口国，其也是多种矿产出口量全球第一的国家，因此被称作“坐在矿车上的国家”。同时，澳大利亚也是世界上放养绵羊数量和出口羊毛最多的国家，也被称为“骑在羊背的国家”。澳大利亚人口高度都市化，近一半国民居住在悉尼和墨尔本两大城市，全国多个城市曾被评为世界上最适宜居住的地方之一。其也是一个体育强国，常年举办全球多项体育盛事。现在，澳大利亚积极参与国际事务，是联合国、20国集团、英联邦、太平洋安全保障条约、经济合作与发展组织及太平洋岛国论坛的成员。

1. 自然环境

(1)地理位置

澳大利亚位于南太平洋和印度洋之间，由澳大利亚大陆和塔斯马尼亚岛等岛屿和海外领土组成。它东濒太平洋的珊瑚海和塔斯曼海，西、北、南三面临印度洋及其边缘海，是世界上唯一一个独占一个大陆的国家。

(2)地形

澳大利亚的地形很有特色。东部山地，中部平原，西部高原。全国最高峰科修斯科山海拔2228m。澳大利亚的大部分国土，约70%，属于干旱或半干旱地带，中部大部分地区不适合居住。澳大利亚有11个大沙漠，它们约占整个大陆面积的20%。由于降雨量很小，大陆1/3以上的面积被沙漠覆盖。澳大利亚是世界上最平坦、最干燥的大陆，中部洼地及西部高原均为气候干燥的沙漠，中部的艾尔湖是澳大利亚的最低点，湖面低于海平面16m。能作畜牧及耕种的土地只有26万km^2。沿海地带，特别是东南沿海地带，适宜居住与耕种。这里丘陵起伏，水源丰富，土地肥沃。除南海岸外，整个沿海地带形成一条环绕大陆的“绿带”，正是这条绿带养育了这个国家。

(3)气候

澳大利亚地处南半球，虽然时差与中国(含港澳台)只有2～3h，但是季节却完全相反。12月至次年2月为夏季，3—5月为秋季，6—8月为冬季，9—11月为春季。澳大利亚跨两个气候带，北部属于热带气候，澳洲南部属于温带气候，四季分明。澳洲内陆是荒无人烟的沙漠，干旱少雨，气温高，温差大；相反在沿海地区，雨量充沛，气候湿润，呈明显的海洋性。

(4)自然资源

澳大利亚的矿产资源、石油和天然气都很丰富，矿产资源至少有70余种。其中，铝土矿储量居世界首位，占世界总储量35%。澳大利亚是世界上最大的铝土、氧化铝、钻石、铅、钽生产国，黄金、铁矿石、煤、锂、锰矿石、镍、银、铀、锌等的产量也居世界前列。同时，澳大利亚还是世界上最大的烟煤、铝土、铅、钻石、锌及精矿出口国，第二大氧化铝、铁矿石、铀矿出口国，第三大铝和黄金出口国。已探明的有经济开采价值的矿产蕴藏量：铝矾土约31亿t，铁矿砂153亿t，烟煤5110亿t，褐煤4110亿t，铅1720万t，镍900万t，银40600t，钽18000t，锌3400万t，铀61万t，黄金4404t。澳原油储量2400亿公升，天然气储量13600亿m^3，液化石油气储量1740亿公升。森林覆盖面积占国土的20%，天然森林面积约1.55亿公顷(2/3为桉树)，用材林面积122万公顷。

澳大利亚被称为“世界活化石博物馆”。据统计，澳大利亚有植物1.2万种，有9000种是其他国家没有的；有鸟类650种，450种是澳大利亚特有的。全球的有袋类动物，除南美洲外，大部分都分布在澳大利亚。澳大利亚由于环境稳定，所以特有地球演化过程中保留下来的古老生物种类，它们虽显得原始，却成为人类研究地球演化历史的活化石。

2. 经济环境

澳大利亚是一个高度发达的资本主义国家。2013年国内生产总值（GDP）全球排名第12，人均生产总值达到67742美元，排名世界第5，在2000万人口以上的国家中排名第一，远高于美国、英国等其他主要英语国家。澳农牧业发达，自然资源丰富，有“骑在羊背上的国家”“坐在矿车上的国家”和“手持麦穗的国家”之称，澳大利亚长期靠出口农产品和矿产资源赚取大量收入，盛产羊、牛、小麦和蔗糖，同时也是世界重要的矿产资源生产国和出口国。农牧业、采矿业为澳传统产业。澳大利亚的高科技产业近几年有较快发展，在国际市场上竞争力有所提高。自1970年以来，澳大利亚经济经历了重大结构性调整，旅游业和服务业迅速发展，占国内生产总值的比重逐渐增加，当前已达到70%左右。黄金业发达，已经成为世界屈指可数的产金大国。服务业是澳经济最重要和发展最快的部门，经过30年的经济结构调整，已成为国民经济支柱产业，占国内生产总值80%以上。产值最高的行业是房地产及商务服务业、金融保险业。澳大利亚对国际贸易依赖较大。澳与130多个国家和地区有贸易关系。澳主要贸易伙伴依次为中国、日本、美国、新加坡、英国、韩国、新西兰、泰国、德国和马来西亚。

3. 航空运输

截至2013年6月，注册飞机15060架，各类机场和跑道约2000个，常旅客机场约250个，其中12个国际机场。2012年，国际飞行15.78万架次，客运2962万人次，同比增长5%，货运量87万t，同比增长3.8%；国内飞行63.12万架次，客运5655万人次，同比增长4.1%。澳航空业务主要由“快达”（Qantas）、“维珍澳洲”（Virgin Australia）和“捷星”（Jetstar）航空公司主导。客流量排名前十的机场为：悉尼、墨尔本、布里斯班、珀斯、阿德莱德、黄金海岸、凯恩斯、堪培拉、霍巴特和达尔文。

（1）主要航空公司

澳洲航空公司（QF）于1920年在澳大利亚昆士兰州创立，是全球历史最悠久的航空公司之一。澳洲航空公司是澳大利亚第一大航空公司，是澳大利亚国家航空公司，其母公司为澳洲航空集团。澳洲航空的袋鼠标志，象征着可靠、安全、先进技术及优质服务。澳洲航空公司连同其附属的QantasLink、JetConnect的航线网络覆盖大洋洲，延伸至东南亚、东亚及印度、英国、德国、美国、加拿大、南非等地。澳洲航空的枢纽是悉尼机场和墨尔本机场，澳洲航空运营的国际航班将航线连接到布里斯班机场、珀斯机场、新加坡樟宜国际机场、洛杉矶国际机场和伦敦希思罗机场。澳洲航空的国内枢纽是悉尼、墨尔本、珀斯、布里斯班的机场，以及重点城市如阿德莱德、凯恩斯和堪培拉的机场。

（2）主要机场

①悉尼机场（SYD）。悉尼机场，亦称作金斯福德•史密斯国际机场，位于新南威尔士州悉尼马斯觉，也是澳洲航空、维珍蓝航空、捷星航空、区域快线的枢纽机场。悉尼机场是全球持续运营时间最长的机场之一，也是全澳洲最繁忙的机场。悉尼机场有3条跑道，悉尼机场

是澳洲各首府中占地最小的机场。

②墨尔本机场(MEL)。墨尔本机场是澳大利亚维多利亚州墨尔本的主要民航机场，也是澳大利亚第二繁忙的机场，距离墨尔本商业中心区有23km（14英里)，墨尔本机场于1970年启用并取代附近的艾森顿机场(Essendon Airport)，成为墨尔本大都会区四个机场中唯一的国际机场。墨尔本机场拥有多条直航航线前往澳大利亚所有首府、各大洋洲、亚洲、非洲、欧洲、北美航点。墨尔本机场是澳大利亚航空、维珍蓝航空、老虎航空的枢纽机场。墨尔本机场的出口货运量列澳大利亚各机场之冠；进口货运量则列澳大利亚第二。两家货运航空公司Australian air Express和Toll Priority的总部均设于墨尔本机场；机场的国内货物吞吐量亦列全澳之冠。

4. 主要城市

(1)堪培拉

堪培拉是澳大利亚的首都，位于澳大利亚山脉区的开阔谷地上，位于澳大利亚东南部。1913年按规划始建，1927年联邦政府从墨尔本迁此。堪培拉是全澳政治中心，以银行、饭店和公共服务业为主要经济部门，有铁路连接各大城市。有澳大利亚国立大学(连续多年澳大利亚大学排名第1位)、堪培拉大学和国立图书馆。市区西南有宇宙航行跟踪站。旅游业甚盛。气候温和，四季分明。作为澳大利亚政治中心，堪培拉城内建有澳大利亚国会大厦、澳大利亚高等法院和众多其他政府部门与外交机关。它也是许多全国性社会和文化机构的所在地，例如澳大利亚战争纪念馆、澳大利亚国立大学、澳大利亚体育学会、澳大利亚国立美术馆、澳大利亚国立博物馆及澳大利亚国家图书馆。澳大利亚军队总部，以及主要军事教育机构邓特伦皇家军事学院和澳大利亚国防学院也设在堪培拉。

(2)悉尼

悉尼，澳大利亚第一大城市及新南威尔士州首府，是澳大利亚经济、金融、航运和旅游中心，世界著名的国际大都市。悉尼位于澳大利亚东南沿海，是欧洲在澳大利亚建立的首个殖民聚落地，最早收纳被流放的罪犯，后来随着澳洲淘金热期间大量移民涌入，悉尼渐成南半球最重要的都市。悉尼市环绕杰克逊港(包括雪梨港)而建，20世纪以来成为世界著名的海港城市。悉尼在澳大利亚国民经济中的地位举足轻重。2013年，悉尼的地区生产总值达到3374.5亿美元，高于香港、新加坡等城市。高度发达的金融业、制造业和旅游业是悉尼市场经济的主体。其中，世界顶级跨国企业、国内外金融机构的总部均扎根悉尼。同时，悉尼也是澳大利亚证券交易所、澳大利亚储备银行以及美国二十世纪福克斯制片厂的所在地。悉尼是多项重要国际体育赛事的举办城市，曾举办过包括1938年英联邦运动会、2000年悉尼奥运会及2003年世界杯橄榄球赛等。作为国际著名的旅游胜地，悉尼以情人港、海滩、歌剧院和港湾大桥等标志性建筑而闻名遐迩。

(3)墨尔本

墨尔本是澳大利亚维多利亚州的首府、澳大利亚联邦第二大城市，澳洲文化、工业中心，是南半球最负盛名的文化名城。墨尔本曾是澳大利亚联邦的首都，城市绿地率高达40%。大墨尔本地区面积达到3400平方英里($8806km^2$)，是南半球较广大的都会区之一。墨尔本城市环境非常优雅，曾荣获联合国人居奖，并连续多年被联合国人居署评为“全球最适合人类居住的城市”。墨尔本有“澳大利亚文化之都”的美誉，也是国际闻名的时尚之都，其服饰、艺术、音乐、电视制作、电影、舞蹈等潮流文化均享誉全球。墨尔本是南半球第一个主办过夏季奥运会的城市，一年一度的澳大利亚网球公开赛、F1赛车澳大利亚分站、墨尔本杯赛马等国际著名赛事都在墨尔本举行。

简答题

1. 简述世界航空运输区划情况。
2. 简述日本的地理环境对航空运输发展的影响。
3. 简述美国航空区划情况。
4. 简述美国主要的航空运输资源情况。
5. 简述新加坡航空运输快速发展的原因。

[1] 潘玉君，武友德．地理科学导论[M].2版．北京：科学出版社，2014.

[2] 谭惠卓．航空运输地理教程[M].北京：中国民航出版社，2007.

[3] 王娇娥，莫辉辉．航空运输地理学研究进展与展望[J]．地理科学进展，2011，30（6）：670-680.

[4] 万青．航空运输地理[M].北京：中国民航出版社，2006.

[5] 朱沛．机场规划与运营管理[M].北京：兵器工业出版社，2003.

[6] 2014年全国机场生产统计公报．

[7] 2014年民航行业发展统计公报．

[8] 陈慧琳，郑冬子．人文地理学[M]. 北京：科学出版社，2013.

[9] 唐小卫，等．航空运输地理．北京：科学出版社，2012.